U0557298

新经济 · 新业态 · 新工作

中国灵活用工发展报告

（2021）

组织变革与用工模式创新

CHINA DEVELOPMENT REPORT ON FLEXIBLE EMPLOYMENT

The Transformation of
Organization and the Innovation of Employment

杨伟国　吴清军　张建国　汪建华　陈　雯 / 著

作者简介

杨伟国 汉族，经济学博士，中国人民大学劳动人事学院院长、教授、博士生导师。研究领域包括就业理论与政策、人力资源服务产业及技术、战略人力资源审计、战略人力资本管理、劳动与雇佣法经济学等。兼任中国劳动经济学会副会长、中国人力资本审计研究所所长、德国劳工研究所（IZA）研究员等。先后任职于商务部（原外经贸部）、深圳海王集团、中国南光、南光捷克（布拉格）、中国光大银行、中国社会科学院等机构。出版《转型中的中国就业政策》、《战略人力资源审计》（第1、2、3版）、《人力资源管理》（第10版·中国版）、《劳动经济学》、《人力资源指数：原理与应用》、《劳动力市场政策评估国际手册》、《战略企业社会责任》（中国版）、“中国人力资源审计”报告系列等著作20多部；在核心期刊发表中英文论文150余篇。

吴清军 汉族，法学博士，中国人民大学劳动人事学院教授、博士生导师。2007年毕业于清华大学社会学系，获法学博士学位；同年入职中国人民大学劳动人事学院，历任讲师、副教授、教授。现受聘为中国人民大学劳动关系研究所所长、中国人民大学劳动人事学院劳动关系系主任、人大－罗格斯全球劳动与雇佣中心中方执行主任。目前主要研究领域为数字经济和平台用工管理、企业劳动关系管理等。已在国内外期刊上发表论文60余篇，其中在国家权威与核心期刊上发表论文20余篇；出版专著2部，主编著作1部，参与出版书籍6部。目前社会兼职主要有：中国劳动经济学会劳动关系分会副会长、中国人力资源开发研究会人力资本服务分会秘书长。

张建国　人瑞人才科技集团执行董事、主席兼行政总裁，北京大学工商管理硕士。历任华为公司首任主管人力资源副总裁、北京华夏基石企业管理咨询公司总经理、中华英才网CEO，拥有二十多年的人力资源管理经验。曾组织参与《华为基本法》的编写，负责搭建华为人力资源管理体系。出版《薪酬体系设计》《绩效体系设计》《职业化进程设计》《灵活用工——人才为我所有到为我所用》《经营者思维——赢在战略人力资源管理》等多部人力资源管理书籍。

汪建华　中国人民大学劳动人事学院副教授，当前主要研究领域为区域劳动问题比较、劳动关系治理、劳工政治、灵活用工等。

陈　雯　中国人民大学劳动人事学院助理教授，当前主要研究方向为组织理论与创新创业。

序言一

2020年7月7日国家统计局公布了我国“三新”经济增加值：经核算，2019年我国“三新”经济增加值为161927亿元，占GDP的16.3%，比上年提高0.2个百分点；按现价计算的增速为9.3%，比同期GDP现价增速高1.5个百分点（国家统计局，2019）。[①] 以“新产业”“新业态”“新商业模式”为核心内容的“三新”经济逐步成为驱动我国经济增长的主要动力，同时“三新”经济的稳步发展也正在推动我国用工模式和组织管理模式迈上新的历史台阶。

有学者指出，20世纪80年代以后，劳动关系在世界范围内越来越呈现非标准化的趋势（董保华，2008）。当前新业态及新商业模式正在加速推进非标准化雇佣在劳动力市场中的发展，企业组织只有灵活配置人力资源才能更快适应技术的高速发展与市场的瞬息

---

① “三新”经济是指以新产业、新业态、新商业模式为核心内容的经济活动的集合。新产业指应用新科技成果、新兴技术而形成一定规模的新型经济活动。新业态指顺应多元化、多样化、个性化的产品或服务需求，依托技术创新和应用，从现有产业和领域中衍生叠加出的新环节、新链条、新活动形态。新商业模式指为实现用户价值和企业持续盈利目标，对企业经营的各种内外要素进行整合和重组，形成高效并具有独特竞争力的商业运行模式。

变化。未来，灵活优化配置组织内部和组织外部人力资源，将成为组织战略得以实现的关键。

一　灵活就业的概念

我国学术研究与政策讨论，往往混淆了灵活就业与灵活用工的概念，甚至有观点认为灵活就业与灵活用工是同一事物，只不过灵活就业是从劳动者的角度进行界定的概念，而灵活用工是从用工组织角度进行界定的概念。实则不然，这两个概念有交叉部分，但灵活就业与灵活用工是两个内涵与外延都不一样的概念。灵活就业指的是劳动者提供劳动与获得劳动报酬的就业方式，而灵活用工则指的是雇主不同于传统标准雇佣模式的工作安排形式。灵活就业强调的是劳动者提供劳动的就业状态，可分为正规就业与非正规就业、自雇就业和他雇就业、长期就业与临时就业等。灵活用工强调的则是雇主充分利用雇佣组织外部人力资源的用工形式，可分为正规雇佣和非正规雇佣、标准雇佣和非标准雇佣、长期雇佣和临时雇佣等。

那么灵活就业的概念如何界定？目前学界和政策上的界定都很模糊。学界普遍引用国际劳工组织的“非正规就业”概念来研究中国灵活就业及相关问题。但是从国际劳工组织1972年提出“非正规就业”概念到2003年做出具体界定来看，非正规就业概念的界定有一个动态发展的过程，即从简单的经济活动类型（非正规部门或非正规经济就业）到“经济活动类型＋权益保护”的发展过程。2003年第17次国际劳工统计大会通过的《关于非正规就业统计定义的指导方针》，对非正规就业做了如下定义：如果雇员的劳动关系在法律或者实际意义上不受国家劳工法规、收入所得税制度、社会保护以及一定的员工利益（如解雇员工提前通知、遣散费、带薪年假和病假等）所要求的社会保障或权利缺乏，他们就被认为是非正规就业。这一概念既强调了劳动者在非正规经济中的经济活动，也强调了劳动者处于一种权益保障缺失的就业状态。

灵活就业概念界定不清，导致灵活就业政策在政策对象与政策目标上存在很大的模糊性。特别是在不同的发展时期，随着劳动力市场的不断变化，劳动者的就业方式与雇佣关系也在不断发生变化，灵活就业概念就更难把劳动力市场中的现象都涵盖进去。但是，当国家和政府出台支持灵活就业政策时，政策的适用对象与政策所要解决的问题与目标是不能模糊处理的。

为了使灵活就业政策的适用对象与政策目标更加清晰，我们认为在当前灵活就业群体规模越来越大的情况下，灵活就业的概念应回归到概念的本质来进行理解。所以本报告提出：灵活就业指的是在劳动力市场中劳动者灵活获得劳动报酬的就业方式。

二　灵活用工的概念

对于灵活用工，目前的讨论主要集中在政策语境、劳动法学和管理学三种语境下。

第一，政策语境。我国目前在政策上讨论灵活用工主要引用国际劳工组织的“非标准雇佣”（Non - Standard Employment）的概念。

随着数字经济的发展，非标准雇佣在用工规模与模式上得到了突破性发展。国际劳工组织为规范那些“规避税收和社会保障”的“隐蔽劳动关系”，近十年来做出了较大的努力，发布了多项建议书，制定了多项公约。国际劳工组织的报告对非标准雇佣做出了较为明确的说明，认为“非标准雇佣没有官方定义。一般来说，非标准雇佣是指‘标准雇佣关系’范围之外的工作（国际劳工组织，2016）。”标准雇佣关系是指全日制、无固定期限，并且构成雇主与雇员从属关系一部分的雇佣形式。而对于非标准雇佣，国际劳工组织列举了四种基本类型，即四种非标准雇佣类型：①临时性就业；②非全日制工作；③临时介绍所工作和其他多方雇佣关系；④隐蔽性雇佣关系和依赖性自雇就业。

第二，劳动法学的讨论。劳动法讨论灵活用工，更强调灵活用工中组织与劳动者的权利义务关系。

早在20世纪八九十年代学界就给出了概念界定，理查德·贝洛斯（Richard Belous）在1989年认为不确定的非典型雇佣包含了临时性用工、非全日制用工和分包用工。1993年，经济合作与发展组织将非典型雇佣（Atypical Employment）泛指为传统全日制雇佣模式之外的任何形式，包括轮换工、周末工作、自雇、非全日制工作和临时雇佣等一系列就业实践，反映了劳动力市场的灵活性。经济合作与发展组织在2002年将非标准雇佣分为临时雇佣（Temporary Employment）和非全日制工作（Part-time Jobs）两种。我们可以看出在劳动法学上，对非标准雇佣或灵活用工的界定采取了排除法和列举法相结合的模式。它们认为非标准雇佣是所有标准雇佣之外的用工形式，同时也结合当时的劳动力市场现状，列举了几种非标准雇佣的类型。

第三，管理学的讨论。在管理学的讨论中，学者对灵活用工的讨论更强调人力资源的灵活配置方式。

管理学对灵活用工或被称为“非典型雇佣”的深入研究源于对人力资源柔性的研究（human resource flexibility）。约翰·阿克廷索（John Aktinson）于1984年提出了柔性（也译成弹性）企业模型（The flexible firm），他认为组织或企业为完成既定的任务，不再像过去那样采取刚性的管理方式，而是利用弹性及多样性方式来取代传统的单一化人力雇佣，以适应内外环境的压力。因此，根据组织特性可将人力分为核心人力（coreworker）、边缘人力（peripheral worker）、外部人力（external worker）3种。

在阿克廷索等人研究的基础上，战略人力资源管理对人力资源柔性进行了更加深入的研究，研究的方向包括：对柔性的分类研究（如对组织柔性的研究，包括要素柔性、流程柔性等；对人力资源柔性的研究，如技能柔性、行为柔性、人力资源实践柔性等），对人力资源柔性与组织绩效的关系研究，对人力资源柔性与组织柔性的关系研究等。

从以上劳工政策、劳动法学和管理学对灵活用工的界定来看，这些概念仍然未把当前我们用工实践中最为关注的用工模式包含进去。

所以，本报告结合劳动法学非正规雇佣的概念和管理学柔性人力资源的概念，从资源配置的角度对灵活用工做出如下界定：灵活用工是雇佣组织（企业、平台组织、非营利性组织、公共服务组织等）以标准雇佣之外的方式进行人力资源配置的用工安排。

三　研究过程与本书框架

为全面深入研究我国灵活用工的发展状况，中国人民大学劳动人事学院和人瑞人才科技集团有限公司（简称人瑞人才科技集团）于2019年9月联合成立了课题组。课题组在2019年10月至2020年7月对27家用工企业、7家人力资源服务公司及3家地方行业协会的相关负责人或高管进行了深度访谈，部分企业员工、中基层管理者和行业协会从业人员也参与了访谈。在访谈的基础上，课题组进一步对用工企业与员工进行了问卷调研，共回收1014份企业调查问卷和1387份员工调查问卷。

实证资料收集之后，课题组通过质性研究和量化研究的方法对资料进行了翔实的分析和研究；同时课题组也同步收集了国家统计局数据、政府政策、新闻报导、相关企业的公开信息等，作为本次研究的二手资料加以分析。在综合分析的基础上，课题组撰写了本研究报告。本研究报告共分为八章。

第一章，灵活就业与灵活用工。这一章主要对灵活就业和灵活用工的概念做了详细的梳理，同时提出了课题组对灵活就业和灵活用工概念的界定，并分析了当前我国劳动力市场中灵活用工的类型与划分标准。

第二章，研究方法与研究样本。这部分介绍了研究的整个过程和研究方法，同时描述了样本的基本分布状况与基本特征。

第三章，组织变革与灵活用工发展。这一章从整体上分析了当前组织变革与灵活用工的关系，论证了数字化技术驱动组织变革的方式与途径，同时分析了组织变革带来企业配置资源方式的转变。

第四章，灵活用工市场现状。这一章从全国用工市场的角度出发，描述和分析了当前我国灵活用工市场的总体分布状况，同时分析了不同区域、不同所有制、不同行业的企业灵活用工的差异及背后的主要原因。

第五章，企业使用灵活用工的形式与岗位。这部分对灵活用工进行了更进一步的描述和分析，主要分析了灵活用工的形式、灵活用工的岗位特征以及不同岗位对人才的需求。

第六章，灵活用工管理。企业在组织内外配置人力资源必然涉及不同类型员工管理的问题，这一章主要分析了灵活用工的管理问题。在具体分析中，报告对管理中的职能分工及面临的管理问题进行了深入剖析，同时也分析了目前新型组织关系面临的挑战。

第七章，灵活用工驱动力模型。这一章基于数据模型的搭建，对灵活用工的驱动力进行了定量分析。报告分别从宏观和微观的角度，构建了两个数据模型来剖析灵活用工的驱动力。

第八章，灵活用工的未来发展方向。这部分是报告总结和展望部分。报告在总结全篇内容的基础上，对未来灵活用工的发展方向做了一些基本的预测。

本课题由中国人民大学劳动人事学院院长杨伟国担任课题组组长。中国人民大学劳动人事学院课题组成员包括吴清军、汪建华、陈雯、韩轶之、张家倩和李庆龄；人瑞人才科技集团课题组成员包括：张建国（人瑞人才科技集团董事长兼CEO）、谢宗良（人瑞人才科技集团副总裁）、汤争艳（人瑞人才科技集团经营管理部总经理）、曾子豪（人瑞人才科技集团华西大区总经理）、尚昭（人瑞人才科技集团市场总监）、邱扬晨子（人瑞人才科技集团品牌总监）。

课题报告主要由中国人民大学劳动人事学院课题组成员执笔撰写，张建国董事长、谢宗良副总裁等全程参与了课题设计和内容讨论。人瑞人才科技集团提供了经费，同时协助安排了整个调研活动。课题调研正处于新冠肺炎疫情期间，特别感谢人瑞人才科技集团市场拓展部、BPO 事业部、人力资源部、经营管理部、产品研发部克服各种困难为本课题提供的大力支持和协助。

感谢社会科学文献出版社同人为本书出版提供的帮助与辛苦工作。

序言二

人瑞人才科技集团成立于2010年。经过9年的艰苦努力，集团于2019年12月13日在香港主板成功上市，成为中国灵活用工领域第一家上市的企业，也是目前中国灵活用工服务的头部企业。人瑞人才科技集团之所以能取得这些成绩，完全是因为企业的需求在牵引。集团遵循“以效果为导向”的人力资源服务理念，在2012年成功为第一家企业提供灵活用工服务后，在后续的几年时间中为几百家中国互联网、电子商务、银行与金融、互联网教育、新连锁门店、医疗健康等领域的企业提供了灵活用工服务，为这些企业的快速发展和降本提效贡献了自己的力量。

由于灵活用工的服务模式在中国还处于初步发展阶段，为了让更多企业了解灵活用工的服务模式和价值，我与首都经济贸易大学劳动经济学院冯喜良院长合作出版了《灵活用工——人才为我所有到为我所用》一书，并于2018年由中国人民大学出版社出版。该书结合人瑞人才科技集团给企业提供的人力资源服务外包的实践，集中介绍了人力资源服务外包的七要素，并对每个要素用一章的内容进行了详细的介绍。该书是中国灵活用工方面的专著，对中国企业了解灵活用工，以及引导中国人力资源领域的服务规范起到了积极的作用。

在新冠肺炎疫情防控的漫长与艰难的时期，很多企业的生存受到了严重的考验，在企业自身业务不能正常开展的情况下，为了解决员工的雇佣问题，很多企业开始关注到灵活用工。国家为了促进就业，也大力鼓励个人灵活就业，鼓励企业采用灵活用工的方式，并在政策上给予了大力支持。这一特殊的疫情，引发了企业灵活用工需求爆发式增长。但，灵活用工的服务内容究竟是什么？灵活用工的国家政策规范是什么？怎样结合企业实际业务的特征来采用灵活用工方式？诸多情况，很多企业并不清楚。所以，我觉得对中国不同地区、不同行业、不同企业采用灵活用工的情况，在实际中企业分别采用什么形式的灵活用工服务，以及灵活用工给企业和个人分别带来什么价值进行系统化的调研是非常必要的。

中国人民大学劳动人事学院在人力资源管理研究上具有深厚的学术功底和专业性。这次人瑞人才科技集团能够协助中国人民大学劳动人事学院系统化开展中国灵活用工发展状况的调研实属荣幸。2020年是我们第一次正式对中国灵活用工的发展现状进行调研，由于中国灵活用工服务还处于发展初期，国家管理政策、企业应用方式、人力资源公司服务能力、社会技术变革等要素会不断变化；所以，我们将会持续地每年做一次正式的系统性调研，在每年调研结果的动态变化中发现中国灵活用工的发展规律与价值取向的变化趋势。我希望，未来有更多的企业和人力资源服务公司一起参与到调研中来，共同促进中国灵活用工的管理理论发展，完善实践规范，共享商业价值。

张建国

人瑞人才科技集团董事长兼 CEO

目 录

第一章　灵活就业与灵活用工 …… 001

一　支持灵活就业政策的发展与政策目标 …… 002

二　非正规就业与灵活就业 …… 006

三　非标准雇佣与灵活用工 …… 011

第二章　研究方法与研究样本 …… 023

一　定性资料 …… 023

二　问卷数据 …… 025

第三章　组织变革与灵活用工发展 …… 034

一　数字化转型企业的现状 …… 035

二　变革企业的用工现状 …… 041

三　数据技术驱动组织变革 …… 044

第四章 灵活用工市场现状 …… 050

一 灵活用工市场的总体状况 …… 050

二 不同企业使用灵活用工的差异 …… 054

三 企业使用灵活用工的主要动机 …… 071

四 企业使用灵活用工的影响因素 …… 075

五 小结：灵活用工市场的发展及其土壤 …… 078

第五章 企业使用灵活用工的形式与岗位 …… 081

一 企业使用灵活用工的形式 …… 081

二 企业使用灵活用工的岗位 …… 092

三 企业使用灵活用工的人才需求 …… 102

第六章 灵活用工管理 …… 110

一 灵活用工中的管理职能分工 …… 110

二 灵活用工管理中的问题 …… 115

三 新型组织关系面临的挑战 …… 123

四 人力资源服务机构应对灵活用工管理问题的探索 …… 125

第七章 灵活用工驱动力模型 …… 134

一 灵活用工宏观驱动力：PEST 模型 …… 134

二 灵活用工微观驱动力：逻辑回归模型 …… 139

第八章　灵活用工的未来发展方向 …… 151
一　用工市场化 …… 151
二　服务专业化 …… 157
三　管理数字化 …… 162
四　小结 …… 166

附　录 …… 168
案例 1　某社交媒体平台灵活用工案例 …… 168
案例 2　某银行灵活用工案例 …… 174
案例 3　某文旅集团灵活用工案例 …… 181
案例 4　某物流公司灵活用工案例 …… 185

参考文献 …… 191

第一章
灵活就业与灵活用工

2020 年 7 月 31 日国务院办公厅发布了《关于支持多渠道灵活就业的意见》（国办发〔2020〕27 号）。该意见指出，个体经营、非全日制以及新就业形态等灵活多样的就业方式，是劳动者就业增收的重要途径，对拓宽就业新渠道、培育发展新动能具有重要作用。为全面强化稳就业举措，要清理取消对灵活就业的不合理限制，支持多渠道灵活就业。同时，国家发改委等十三部门于 2020 年 7 月 15 日联合发布了《关于支持新业态新模式健康发展　激活消费市场带动扩大就业的意见》，该意见鼓励发展新个体经济，开辟消费和就业新空间，同时要积极培育新个体，支持自主就业，大力发展微经济，鼓励“副业创新”。

受新冠肺炎疫情和国际贸易环境双重影响，稳就业、保居民就业分别成为“六稳”和“六保”之首。激发市场主体活力，扩大就业途径，创造更多灵活就业机会将成为稳住经济基本盘的关键，同时也符合“以国内大循环为主体，国内国际双循环相互促进的新发展格局”。

多渠道支持灵活就业目前已形成社会共识，且国务院办公厅 27 号文也列举了个体经营、非全日制及新就业形态三种主要的灵活就业形式，同时近年来企业灵活用工的数量和规模也呈大幅增长的趋势。但对灵活就业与灵活用工概念的界定、实践中的具体形态、各方主体间的关系以及灵活就业人员权益保障等问题，目前在政策制定、学界讨论及企业用工中都存在较大的分歧和争论。所以本章首先要对支持灵活就业的政策、灵活就业和灵活用工的概念、灵活用工的具体形态以及灵活用工的驱动力等问题进行梳理和讨论。

一　支持灵活就业政策的发展与政策目标

自 20 世纪 90 年代我国建立统一劳动力市场以来，大概三次集中出台过支持灵活就业的政策，但每次政策要解决的社会问题和实现的政策目标均有一定的差异。

（一）1995年左右，支持下岗失业人员自谋职业和组织起来就业

1995 年左右，随着国企改革全面实施，下岗失业人员的基本生活保障和再就业成为政策讨论的焦点。为促进下岗失业人员的再就业和拓宽分流安置与再就业渠道，国家出台了一系列鼓励和扶持下岗失业人员自谋职业和组织起来再就业的灵活就业政策。1995 年国务院办公厅转发了劳动部《关于实施再就业工程的报告》，该要求通过政策指导，鼓励、支持失业职工和企业富余职工组织起来就业和自谋职业。1998 年中共中央、国务院颁布了《关于切实做好国有企业下岗职工基本生活保障和再就业工作的通知》，该通知

要求加大政策扶持力度，拓宽分流安置和再就业渠道；大力发展集体和个体、私营经济，鼓励下岗职工自谋职业或组织起来就业。

本次支持灵活就业的政策目标是解决下岗失业人员的基本生活保障和再就业问题。20 世纪 90 年代中期，中国市场经济制度刚确立不久，随着国有企业改革步伐不断加快，下岗失业人员的基本生活保障问题成为整个国家面临的重大社会问题。在民营经济仍不发达的经济环境下，国家鼓励下岗失业人员通过自谋职业或个体经营的方式实现再就业（李培林、张翼，2003）。灵活就业政策和下岗失业人员再就业工程是融合在一起的，政策讨论和学界关注的也是如何保障下岗失业人员的基本生活和再就业的问题。所以，这次灵活就业政策针对的主体也是特定的，解决的社会问题也很集中，此时灵活就业政策并不涉及企业用工问题。

（二）从2003年开始，支持创业带动就业

从 2003 年开始，受大学扩招与结构性失业的影响，越来越多的大学生不能如期就业，大学生就业问题日益成为社会关注的焦点问题，成为直接关系社会和谐稳定的大事。以自主创业和自由职业为主要形式的就业形式，成为缓解和解决大学生就业问题的主导方向。2003 年 5 月，国务院办公厅在颁布的《关于做好 2003 年普通高等学校毕业生就业工作的通知》中要求，凡高校毕业生从事个体经营的，除国家限制的行业外，自工商部门批准其经营之日起，1 年内免交登记类和管理类的各项行政事业性收费。有条件的地区由地方政府确定，在现有渠道中为高校毕业生提供创业小额贷款和担保。2004 年 4 月，共青团中央、劳动和社会保障部联合发布了

《关于深入实施“中国青年创业行动”促进青年就业工作的意见》，引导、帮助广大青年（包括大学毕业生）在创业中实现就业（夏人青等，2012）。

教育部2010年发布了《关于大力推进高等学校创新创业教育和大学生自主创业工作的意见》。该意见强调，积极鼓励高校学生自主创业是落实以创业带动就业，促进高校毕业生充分就业的重要措施。人力资源和社会保障部2010年发布了《关于实施2010高校毕业生就业推进行动　大力促进高校毕业生就业的通知》，该通知要求实施“创业引领计划”，大力推进高校毕业生自主创业，稳定灵活就业。

本次支持灵活就业的政策目标是解决大学毕业生的就业问题。根据人力资源和社会保障部公布的数据，2010年全国高校毕业生达630万人，加上往届未实现就业的，需要就业的高校毕业生超过700万人。国家鼓励大学生自主创业，通过创业带动就业。所以这次政策针对的主体是特定的，同时要解决的社会问题也是明确的。灵活就业政策与扶持大学生创业政策融合在一起，这时灵活就业政策仍然没有涉及企业用工问题，政策和学界讨论的焦点问题都集中在如何通过培训、财政、税收、信贷及租金等政策来扶持大学生创业。

（三）从2014年开始，新业态发展带动灵活就业

从2014年至今，国家支持灵活就业政策可以概括为：新产业、新业态、新商业模式促进的“双创”政策与灵活就业政策。随着中国经济发展思路与经济结构调整，国家充分认识到打造发展新引

擎、增强发展新动力、走创新驱动发展道路具有重要意义。自2014年开始，随着互联网新技术的高速发展，推动“大众创业、万众创新”，创业带动就业成为实施就业优先战略的重要举措。2015年国务院颁发了《关于进一步做好新形势下就业创业工作的意见》，要求积极推进创业带动就业，同时鼓励企业由传统的管控型组织转型为新型创业平台，让员工成为平台上的创业者，形成市场主导、风投参与、企业孵化的创业生态系统。与此同时，互联网新技术和新业态近年来得到了迅速的发展，数字经济和平台经济也拓展了就业人员通过多渠道、多种方式获得收入来源的就业方式和途径。受新冠肺炎疫情和国际贸易环境影响，国务院加大了对灵活就业与新业态的支持力度，2020年7月31日国务院办公厅发布了《关于支持多渠道灵活就业的意见》，国家发改委等十三部门于2020年7月14日发布了《关于支持新业态新模式健康发展 激活消费市场带动扩大就业的意见》。

本次支持灵活就业政策的目标是促进就业和支持新业态发展。本次灵活就业政策所面对的社会问题较为复杂，前两次政策目标都可以概括为促进劳动力市场中特殊就业群体（就业相对困难群体）的就业，但这次灵活就业政策所涉及的主体、范围、规模及问题都发生了较大的改变。这次灵活就业政策涉及的主体不仅是特殊就业群体，还包括了新业态中就业群体、个体经济就业群体以及企业灵活用工的群体。灵活就业涉及的群体发生了改变，灵活就业劳动者的数量近年来也急剧增加。所以这次灵活就业政策面对的社会问题不仅仅是要解决特殊就业群体就业问题，还要面对在企业灵活用工中如何规范用工主体与劳动者之间的关系等问题。

前两次灵活就业政策都不涉及企业用工问题，但第三次灵活就业政策面对的主要问题是支持新业态发展和规范灵活用工问题。从近几年我国出台的有关灵活就业的政策来看，其思路仍然是以稳定和促进就业为政策目标，用解决特殊就业群体就业问题的方式来面对劳动力市场中复杂的情况，这就导致就业政策很难解决当前实践中的许多问题。

当前的灵活就业与灵活用工问题的讨论，已超出了对某个特殊就业群体就业问题的讨论，涉及新业态用工与传统企业灵活用工的问题，所以本报告认为：要更好地促进就业，规范新业态用工及企业灵活用工，就要超出传统灵活就业的讨论思路，从整个劳动制度上解决当前复杂的用工问题。

二　非正规就业与灵活就业

我国在劳动法与就业政策上，都没有对灵活就业进行明确界定。目前学界普遍引用国际劳工组织的“非正规就业”概念来研究中国灵活就业及相关问题。所以，理解灵活就业需要对国际劳工组织的“非正规就业”“非正规部门”“非标准就业”“非标准雇佣”等概念进行梳理，以此来理解中国的灵活就业。

（一）非正规就业

国际劳工组织于1972年首次提出“非正规就业”，到2003年又发展了概念的内涵，这期间“非正规就业”概念的内涵和外延发生了很大的改变。

1972 年国际劳工组织综合就业问题代表团在考察肯尼亚的就业问题后，在一篇题为《就业、收入和平等：肯尼亚增加生产性就业的战略》的报告中首次提出了“非正规部门”概念。在非正规部门的就业即非正规就业。报告认为在城市就业的人员，其实大部分不是在正规现代部门就业的工人，而是在非正规部门就业的“有工作的穷人”（Working Poor），包括小规模的、不经国家管理甚或是被国家法规压制的小贩、木匠、修理工、厨师等，区别于受国家管理和支持的大型企业工人（ILO，1972）。

国际劳工组织在 1993 年第 15 届国际劳工统计大会（15th International Conference of Labour Statisticians）的报告中，进一步将非正规部门定义为“发展中国家城市地区那些低收入、低报酬、无组织、无结构的小生产规模的生产或服务单位”。在此概念界定中，非正规就业的范围扩大到包括在非正规部门和家庭中的就业以及在正规部门中从事的非正规工作。

2003 年 11～12 月，第 17 届国际劳工统计大会通过了《关于非正规就业统计定义的指导方针》，进一步对非正规就业做了如下定义：如果雇员的劳动关系在法律或者实际意义上不受国家劳工法规、收入所得税制度、社会保护以及一定的员工利益（如解雇员工的提前通知、遣散费、带薪的年假和病假等）所要求的社会保障或权利缺乏，他们就被认为是非正规就业。原因可以解释如下：这些工作或雇员未经申报，工作是临时的或者时限较短，工作的时间或工资低于某一指定界限（如社会保障的缴付底线），是个体企业的雇佣工作或者家庭的雇佣工作，雇员的工作地点在雇主公司之外（如没有雇佣合同的外出工作者），或者是由于某些原因没有应用、实施或遵守劳工法规的工作。根据非正规就业的概念性框架，以下几类人员的就业属于国际劳工组织定义的非正规就业。

（a）在自雇于自有的非正规部门的人员。

（b）在自有的非正规部门就业的人员。

（c）家政服务工人，不论他们在正规或是非正规的企业工作。

（d）非正规生产者合作社成员。

（e）正规部门企业和非正规企业中的非正规就业者，或家庭所雇佣的家政服务人员。

（f）根据第 13 号 ICLS 所通过的关于经济活跃时期人口、就业、失业和非充分就业的决议的第 9 段（6）中的就业的定义，生产仅为其家庭所用的产品的自雇工人（国际劳工组织，2003）。

从国际劳工组织对非正规就业的界定来看，它有一个动态发展的过程，即从简单的经济活动类型（非正规部门或非正规经济就业）到“经济活动类型 + 权益保护”的过程。在 2003 年的决议中，非正规就业既强调了劳动者在非正规经济中的经济活动，也强调了劳动者处于一种权益保障缺失的就业状态。

（二）灵活就业

国际劳工组织并没有对灵活就业进行概念界定，而我国政策与学术研究对灵活就业的界定也很模糊。2001 年劳动和社会保障部在《灵活就业形势问题研究报告》中将灵活就业界定为“在指定劳动时间、收入报酬、工作场地、保险福利、劳动关系等任何一方面不同于传统就业形式”的就业（中国劳动和社会保障部劳动科学研究所，2001；中国劳动和社会保障部劳动科学研究所课题组，

2005)。2012年，人力资源和社会保障部在《中华人民共和国社会保险法释义》中沿用了这种定义，认为灵活就业是与正规就业相对而言的就业状态，主要包括以下几个方面。①非正规部门就业，即劳动标准、生产组织管理及劳动关系运作等均达不到一般企业标准的用工和就业形式。例如，家庭作坊式的就业。②自雇型就业，有个体经营和合伙经营两种类型。③自主就业，如自由职业者、自由撰稿人、个体演员、模特、独立的中介服务工作者等。④临时就业，如家庭小时工、街头小贩、其他类型的打零工者（人力资源和社会保障部，2012）。

从我国政策的界定来看，灵活就业的定义混淆了正规部门与非正规部门的界限，同时也混淆了受劳动法律保护与法律保护之外的就业类型。这个概念既包含了经济活动类型，又包含了权利义务关系类型。所以在现实中，我们很难直接引用国际劳工组织的非正规就业或非标准就业来分析我国的灵活就业。

（三）灵活就业的界定与政策方向

从国际劳工组织与学者们对灵活就业的界定来看，目前关于灵活就业概念的内涵与外延、灵活就业工作方式的界定、劳资双方权利义务关系的判定标准等都存在着很大的模糊性。灵活就业概念界定不清，导致灵活就业政策在政策对象与政策目标上存在着很大的模糊性。特别是平台经济兴起后，随着商业模式的创新，平台用工使得灵活就业的概念变得更加含混不清。

目前灵活就业概念界定之所以如此模糊，主要原因在于现有的灵活就业概念所涉及的维度和内容过于宽泛。目前的概念主要把以下五个方面的内容都试图包含进来。

第一，劳动力市场的灵活性。劳动者灵活就业方式区别于传统的雇佣就业，最基本的区别就在于就业形式的灵活性，即劳动者获得劳动报酬或收入的方式是灵活和短暂的，其中表现最为突出的即是自雇劳动者。这是界定灵活就业最基本的标准。

第二，劳动关系的不稳定性。灵活就业的灵活性和稳定性或安全性是讨论灵活就业的核心问题。国际劳工组织在 2003 年对非正规就业的界定中，把劳动关系的稳定性作为核心标准，并假设不稳定劳动关系的就业方式是一种缺乏劳工法规、收入所得税制度、社会保护、社会保障等保护的就业，这些导致了劳动者基本权利的缺失。

第三，灵活就业与雇佣是税法和劳动法律规定之外的经济活动类型。国际劳工组织 1972 年提出的非正规部门就业和 2003 年提出的缺乏权利保障的就业，都把灵活就业视为一种在国家税法和劳动法律监管之外的经济活动类型。当非正规就业概念移植到中国之后，我国很多学者也把“劳动标准、生产组织管理及劳动关系运作等均达不到一般企业标准的用工和就业形式”视为灵活就业，甚至有一段时间，把大量在私营企业中的就业也同样视为灵活就业。

第四，灵活就业的劳动者群体主要是就业困难群体。我国从 20 世纪 90 年代开始，支持灵活就业政策的适用对象基本上都限定为就业困难群体，政策的主要目标在于促进和支持这部分群体在劳动力市场中获得收入报酬。

第五，灵活就业政策与支持新业态发展紧密联系在一起。随着平台用工的规模逐渐扩大，近几年来我国支持灵活就业的政策往往是与支持新业态发展联系在一起的。对此，2020 年国务院办公厅发布的《关于支持多渠道灵活就业的意见》体现得尤为明显。意见规定了三种灵活就业方式，即个体经营、非全日制和新就业形态，而新业态包含了“网络零售、移动出行、线上教育培训、互联网医疗、在线娱乐等行业”的数字经济与平台经济。

灵活就业概念的模糊性使我们很难把概念与劳动力市场的用工实践对应起来。特别是在不同时期，随着劳动力市场的不断持续变化，劳动者的就业方式与雇佣关系也在不断发生变化，灵活就业概念就更难把劳动力市场中的现象都涵盖进去。但是，当国家和政府出台支持灵活就业政策时，政策的适用对象与政策所要解决的问题与目标是不能模糊处理的。

为了使灵活就业政策的适用对象、政策目标更加清晰，我们认为在当前灵活就业群体规模越来越大的情况下，灵活就业的概念应回归到概念的本质来进行理解，即灵活就业指的是在劳动力市场中劳动者灵活获得劳动报酬的就业方式。如果把灵活就业对象仍界定为就业困难群体，灵活就业的工作界定为缺乏权利保障的就业方式，那么支持灵活就业的政策就很难把数字经济兴起后出现的越来越多样化的工作方式包含其中。

三 非标准雇佣与灵活用工

我国的学术研究与政策讨论，往往混淆了灵活就业与灵活用工的概念，甚至混淆了国际劳工组织界定的非正规就业与非标准雇佣的概念。灵活就业与灵活用工是两个内涵与外延不一样的概念，灵活就业指的是劳动者提供劳动与获得劳动报酬的就业方式，而灵活用工则指的是雇主不同于传统标准雇佣模式的工作安排形式。灵活就业强调的是劳动者提供劳动的就业状态，可分为正规就业与非正规就业、自雇就业和他雇就业、长期就业与临时就业等。灵活用工强调的是雇主充分利用雇佣组织外部人力资源的用工形式，可分为正规雇佣和非正规雇佣、标准雇佣和非标准雇佣、长期雇佣和临时雇佣等（钱叶芳，2018）。所以本报告在此有必要对灵活就业与灵活用工概念进行区分和比较，同时对灵活用工的界定、类型与近期发展趋势做进一步解释和说明。

（一）非标准雇佣

自 20 世纪 80 年代以后，劳动关系在世界范围内越来越呈现非标准化的趋势（董保华，2008）。随着数字经济的发展，非标准雇佣在用工规模与模式上得到了突破性发展。国际劳工组织为规范那些“规避税收和社会保障”的“隐蔽劳动关系”（董保华，2011），近十年来做出了较大的努力，发布了多项建议书，制定了多项公约。

2006 年国际劳工组织第 95 届理事会形成决议，并发布了第 198 号建议书——《关于雇佣关系的建议书》。国际劳工组织发布 198 号建议书的出发点主要在于：“考虑到在各方当事人的各自权利和义务不清晰、在有人试图掩盖雇佣关系，或者在法律框架或其解释或执行中存在不足或局限等情形下确定是否存在雇佣关系的困难，并注意到存在这样的情况：合同安排可产生剥夺工人应享有的保护的后果，并认识到国际指导在帮助成员国通过国家法律与实践实现这些保护方面可发挥作用，而且此种指导应随着时间的推移仍不失贴切性”；同时“考虑到确定是否存在雇佣关系的困难可对有关工人、其社区和整个社会带来严重的问题”（国际劳工组织，2006）。

为了规范隐蔽雇佣关系，进一步保护规模越来越大的非正规雇佣，国际劳工组织于2016年出版了报告：《世界非标准就业：理解挑战，塑造未来》（*Non-standard Employment Around the World: Understanding Challenges, Shaping Prospects*）①。报告以标准就业为参照对象，对非标准就业进行了界定。报告认为非标准的就业形式已成为现代全球劳动力市场的显著特征。在过去的几十年中，非标准就业的重要性在发达国家和发展中国家都有所提高，非标准就业在各个行业和职业中的应用范围也日益广泛（国际劳工组织，2016）。

国际劳工组织的报告对非标准雇佣做出了较为明确的说明，认为“非标准就业没有官方定义。一般来说，非标准就业是指‘标准雇佣关系’范围之外的工作”。标准雇佣关系是指全日制、无固定期限，并且构成雇主与雇员从属关系一部分的雇佣形式。而对于非标准雇佣，报告仅做了四种类型的列举，即四种非标准雇佣类型：①临时性就业；②非全日制工作；③临时介绍所工作和其他多方雇佣关系；④隐蔽性雇佣关系和依赖性自雇就业（见表1－1）。

① 这里的“Employment”翻译成“雇佣”更为贴切，但按照国际劳工组织翻译的中文版，报告仍然使用就业的概念。

表 1－1　国际劳工组织列举的四种非标准雇佣类型

非标准就业	
临时性就业	
固定期限合同,基于项目或任务的合同,以及季节工作或零工,包括日结工资的工作	固定期限
非全日制	
正常工时少于相应的全日制工人的工作,最低限度的非全日制工作,待命工作,包括临时合同工作	非全日制
多方雇佣	
也被称为“劳务派遣”、“经纪”和“劳动雇佣”,临时介绍所工作,分包劳动	未与终端用户建立直接从属关系
隐蔽性雇佣/依赖性自雇就业	
隐蔽性雇佣,依赖性自雇就业,假性或错误分类的自雇就业	不构成雇佣关系

注：此表摘于《世界非标准就业：理解挑战，塑造未来》报告。

在四种类型中，临时性就业是指工人在具体的一段时间内参与工作，包括固定期限合同工作、基于项目或任务的合同工作，以及季节工作或零工，包括日结工资的工作。非全日制就业是指正常工时少于相应的全日制工人的工作。在某些情况下，非全日制工作的工作时间很多时候可能非常短，或没有可预见的固定时间，且雇主没有义务提供确定的工时。这些安排在不同国家的合同形式不同，包括所谓的“零工时合同”，但一般统称为“待命工作”。

多方雇佣是指当工人为某公司提供服务但不受其直接雇佣，该现象被归类为涉及多方的合同安排，例如，工人受到私营中介机构的派遣并从该机构获得报酬，但其服务对象为用人企业。

隐蔽性雇佣则是可以通过第三方雇佣工人，或通过不与工人签订雇佣合同而与其签订商务合同或合作合同的方式来掩盖雇主身份，同时雇主以一种与工人的独立身份不相符的方式指挥并监督其工作。因此这类工人在雇主有意安排的情况下被误分类为独立自雇人员，但实际上他们却处于从属性雇佣关系中。

如果严格按照国际劳工组织对标准雇佣的界定，固定期限的劳动用工都属于非标准雇佣。借鉴国际劳工组织的界定，同时结合我国目前灵活用工的实践现状，我们认为主要的灵活用工类型包括了以下几种类型：非全日制用工、短期用工（完成一定工作任务的用工，包括了零工）、劳务派遣用工、业务外包、人力资源外包、平台用工、依附性自雇等。[①] 这几种雇主灵活安排工作的类型与劳动者灵活就业存在一定的交集，同时也存在一定的差异（见图1－1）。

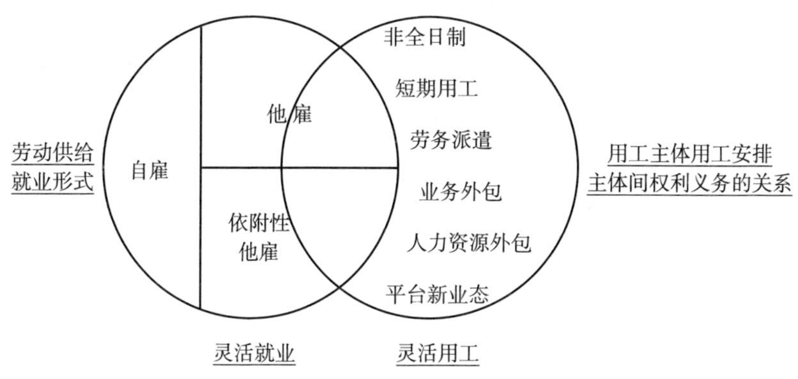

图1－1　灵活就业与灵活用工的区分与联系

资料来源：钱叶芳，2018。

① 后文将对这几种灵活用工类型的划分标准与用工状况进行详细分析。

（二）灵活用工的界定

关于灵活用工的界定和研究脉络，在劳动法学和管理学上存在着较大差异。在劳动法学上更强调灵活用工中组织与劳动者的权利义务关系，而在管理学上更强调人力资源的配置方式。

在劳动法学上，早在 20 世纪八九十年代学界就给出了概念界定。Richard Belous 在 1989 年认为不确定的非典型雇佣包含了临时性用工、非全日制用工和分包用工（Richard，1989）。1993 年，经济合作与发展组织将非典型雇佣泛指为传统全日制雇佣模式之外的任何形式，包括轮换工、周末工作、自雇、非全日制工作和临时雇佣等一系列就业实践，反映了劳动力市场的灵活性。经济合作与发展组织在 2002 年将非标准雇佣分为临时雇佣和非全日制工作两种（OECD，1993；OECD，2002）。结合国际劳工组织界定的四种非标准雇佣类型，即临时性就业、非全日制工作、临时介绍所工作和其他多方雇佣关系、隐蔽性雇佣关系和依赖性自雇就业，我们可以看出在劳动法学上，对非标准雇佣或灵活用工的界定采取了排除法和列举法相结合的模式。他们认为非标准雇佣是所有标准雇佣之外的用工形式，同时也结合当时的劳动力市场现状，列举了几种非标准雇佣的类型。

在管理学上，对灵活用工或被称为“非典型雇佣”的深入研究源于对人力资源柔性的研究。阿克廷索于 1984 年提出了柔性（也译成弹性）企业模型，他认为组织或企业为完成既定的任务，不再像过去那样采取刚性的管理方式，而是利用弹性及多样性方式来取代传统的单一化人力雇佣，以应对内外环境的压力。因此，根据组织特性可将人力分为核心人力、边缘人力、外部人力3种（赵瑞美、李新建，2018）。

在阿克廷索的模型中，居于中心的核心层由一些关键的员工，如管理人员、设计人员和技术人员等组成，公司为使他们掌握多样性技能以备在公司需要之时他们能够履行不同的职能和承担不同的工作，即发挥功能柔性，持续对他们进行人力资本投资和职业生涯开发，以培养其对组织的忠诚。

中间层的员工与公司存在较松散的雇佣关系，由两类人员组成。第一个外围层为全时制、具有某项特定技能的员工，公司一般不对其进行过多的培训和人力资本投资，也不期望他们能在公司内进行水平或垂直流动。居于第二个外围层的一般是短期契约员工，如非全日制或部分工时制、固定期限员工等，该层主要是为公司保持人力资源的数量柔性。该层次员工与公司之间的关系比较松散，但一般是与企业建立属于正式和固定雇佣关系的员工。

最外层是通过商业契约与公司发生雇佣关系的人员，包括因业务外包、分包而发生的对外部企业员工的应用，以及对临时就业机构人员和自雇佣人员劳务的购买等。该类人员属于公司的外包人员，不存在独立的雇佣关系，他们只是通过商业契约为公司提供劳务而已。公司一般将次要或内部缺少相应技能的工作交付外部的专业机构或人员，从而获得数量柔性（赵瑞美、李新建，2018）。

在阿克廷索等人研究的基础上，战略人力资源管理对人力资源柔性进行了更加深入的研究，研究的方向包括：对柔性的分类研究（如对组织柔性的研究，包括要素柔性、流程柔性等；对人力资源柔性的研究，如技能柔性、行为柔性、人力资源实践柔性等），对人力资源柔性与组织绩效的关系研究，对人力资源柔性与组织柔性关系研究等。

从劳动法学对非标准雇佣的界定和管理学对柔性人力资源概念的界定来看，这些概念仍然未把当前我们用工实践中最为关注的用工类型包含进去，并且随着数字化的发展，企业对核心—边缘—外部人力的界定也发生了巨大的变化。在平台用工中，对平台上的劳动者已经很难界定其是独立自雇者，还是依附性自雇者或雇员，同样很多像美国优步公司等以数据为核心资源的新组织中，对平台上的劳动力资源很难界定其是核心还是非核心。如果把优步公司看成是一家高科技公司，那么公司最核心的资源是数据和技术；但如果从优步公司经营的业务来看，平台上的优步司机又是平台的核心资源。

所以，本报告结合劳动法学非正规雇佣的概念和管理学柔性人力资源的概念，从资源配置的角度对灵活用工做出如下界定：灵活用工是雇佣组织（企业、平台组织、非营利性组织、公共服务组织等）以标准雇佣之外的方式进行人力资源配置的用工安排。

（三）灵活用工的类型

对灵活用工性质和类型的判定，很多学者仍然回到对雇佣关系的讨论上来。董保华以雇佣关系的从属性，即以人格从属性、经济从属性与组织从属性为判断标准来分析非标准雇佣关系。他认为，非标准劳动关系是人格从属性、经济从属性与组织从属性相分离而产生的。非标准劳动关系由于适应了市场需求的灵活性和不稳定性而发生了“自我的异化”，从原来“标准”的形态走向“非标准”的形态。其中最为关键的变化来自劳动关系中的“组织从属性”

出现了一种由强向弱的转变。这种转变表现为两方面，其一，劳动关系的主体发生了变化，劳动关系中的一方主体——雇主出现了分化，从而导致原本由一个雇主控制一个劳动者或多个劳动者的“联系纽带出现松动”；其二，工作场所的分散性和多样性导致雇主在组织上对劳动者的控制产生弱化（董保华，2008）。

对于一些传统的灵活用工类型，在劳动力市场上对其特征与关系进行区分和判断是较为容易的，但是随着数字经济和平台用工的兴起，目前我们对灵活用工的类型还难以准确把握，特别是在涉及主体之间关系时其概念更加模糊。为了更好地界定灵活用工的类型，本报告借鉴了劳动法学的概念框架，从主体关系方面进行分析。

本报告把目前用工实践中一些较为普遍采用的灵活用工方式划分为两类，即两方主体关系类型和三方主体关系类型。两方主体关系类型主要包括：用工单位和劳动者之间形成的非全日制用工、短期用工或零工，互联网平台和劳动者之间形成的新业态用工，如在线、工作成果给付、按工作成果计酬。三方主体关系类型包括：用工单位—人力资源服务公司—劳动者之间形成的劳务派遣、业务外包和人力资源外包等用工类型，同时包含了近期随着数字经济平台出现的用工单位—互联网平台—劳动者之间形成的用工关系（见图 1 –2）。

在所有灵活用工类型中，非全日制用工、短期用工以及劳务派遣和业务外包等几种类型，学界讨论比较多，并且在政策上也做了较为详细的规范。对于互联网平台用工，虽然用工模式较为清晰，但目前平台与劳动者之间的关系在劳动法和政策上仍然存在较大争

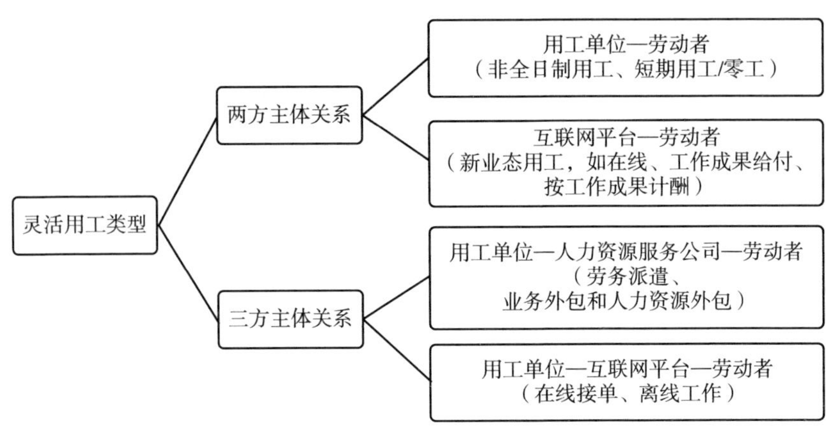

图 1－2　灵活用工类型划分

议。除此之外，随着数字经济的发展，人力资源外包和用工单位通过互联网平台用工的两种模式存在较大的模糊性。本报告主要针对这两种类型进行分析。

人力资源外包从 20 世纪 80 年代开始发展，经历了从人力资源管理职能外包（比如招聘、薪酬、社保、咨询、技术等外包）到人力资源业务整体外包的发展过程。李新建认为，人力资源（HR）外包不同于人力资源管理（HRM）外包，前者泛指伴随着业务外包而出现的人力或劳务外包，后者往往单指人力资源某项管理职能的外包。按照人力资源管理功能，也可以将企业的 HR 外包活动分为以下不同的层次。①与企业战略实施相关的外包。主要指带有战略性和全局性的 HR 外包，例如为实施低成本战略、降低人力成本而采取的随人员外包的管理职能外包；与组织“减肥”和人力资源管理职能精简相配合的管理外包；以及为提高核心竞争力，整合外部人力资源而采取的战略联盟式外包等。②与人力资源管理技术相关的外包。例如，企业 HRM 系统设计、电子网络化系统引进以及人力资源管理系统的设计与维护的外包等。③与人力资源管理职能相关的外包。例如，人事代理、人事派遣、人员招募、管理咨询、员工培训、薪酬福利和安全健康项目的外包等。④与员工关系管理相关的外包。例如，雇佣契约管理、职业生涯开发、劳资争议、工作生活质量项目的外包等（李新建，2004）。

目前人力资源外包最大的模糊性来自人力资源整体的外包，而并非仅人力资源管理某项职能的外包。随着数字技术的发展，组织的管理与配置资源的能力越来越强，传统固定的组织管理模式近年来受到了极大的挑战。组织可以依靠数字技术，根据市场的变化而及时调整组织内部的各项资源配置方式，无须按照传统的计划、生产、管理和销售的固有管理模式进行管理。组织管理的灵活性要求人力资源配置的灵活性，核心业务之外的岗位、工作以及人员都可根据市场进行及时调整。所以随着数字技术和组织变革的不断发展，越来越多的企业将越来越多的岗位、工作以及人员整体外包出去。

但是，在目前灵活用工市场中，一些企业和人力资源服务公司为了规避税法和社会保障法规，把人力资源整体外包演变成了业务外包。人力资源的整体外包与业务外包，在用工单位—人力资源服务公司—劳动者三者之间的关系上存在较大差异。在业务外包模式中，人力资源服务公司与用工单位之间属于商业合作，签订的是商业民事合同，人力资源公司与劳动者属于雇佣关系；而用工单位与劳动者并不存在雇佣关系，劳动者与用工单位之间并不存在人格从属性、经济从属性和组织从属性。但是在人力资源整体外包关系中，人力资源服务公司与用工单位之间仍属于商业合作关系，劳动者与人力资源服务公司也存在雇佣关系，但是在这种关系中，雇佣与管理进行了分离，劳动者与用工单位仍然存在组织从属性。这种关系与劳务派遣还存在着较大区别，劳务派遣单位承担了管理职能，但用工单位作为共同雇主仍然承担了部分雇主的义务，但在人力资源整体外包的关系中，用工单位既不受劳务派遣相关政策的约束，也无须承担用工单位作为共同雇主的义务。

灵活用工类型中另一种较为模糊的用工类型是近期出现的互联网平台灵活用工。互联网平台作为中介组织，主要职能在于撮合用工单位（发包单位）与劳动者（承揽人）之间的承揽关系。这种新型的用工关系受数字经济平台用工的影响，目前正逐步从服务业向制造业扩展。互联网平台用工，在互联网平台、劳动者、消费者三者的关系上，劳动者与消费者之间构成的是服务关系；但是在互联网承揽关系中，形成的是：劳动者（承揽人）、互联网平台、用工单位（发包单位）三者的关系。劳动者完成的是用工单位的工作任务，并且在劳动过程中，需要依赖用工单位的工作场所、生产资料、生产流程以及其他资源的支持，同时遵守用工单位的规章制度、管理制度及安全卫生制度等，所以从这个角度判断，劳动者在人格从属性、经济从属性、组织从属性上都要依附于用工单位。对于劳动者是否具备承揽人的资格、是否可以作为独立的自雇者以及劳动者与用工单位的关系，目前都存在较大争论。本报告认为，对此种灵活用工类型，还须做进一步的分析和探讨。

第二章 研究方法与研究样本

根据课题总体设计，本次调研使用质性研究和量化研究两种方法，通过半结构化访谈与问卷形式对用工企业、人力资源服务公司、行业协会、企业员工与管理者进行调查。此外，课题组同步收集了国家统计局数据、政府政策、新闻报道、相关企业的公开信息等，作为本次调研的二手资料来加以分析。

一 定性资料

定性资料来源于对用工企业、人力资源服务公司、行业协会的访谈等一手资料与新闻、报告、数据库等二手资料。

用工企业访谈。课题组合计调研了 27 家用工企业的灵活用工情况（见表 2 - 1）。参与访谈的用工企业包含制造、互联网、文化娱乐、医疗、教育、软件、地产、金融、物流等多种行业，接受访谈的对象为企业总裁、副总裁、总经理或人力资源部门负责人，地区则以上海、北京、广东、浙江、江苏、湖北、四川等地为主。在用工企业访谈中，课题组主要就企业基本信息，企业的人力资源管理中灵活用工情况，企业此前使用过的人力资源服务经验，以及组织变革与企业数字化转型等问题提问。通过对用工企业的多角度、多层次调研，课题组获取了来自灵活用工市场需求方（甲方）的一手资料。

表 2－1　用工企业访谈信息

访谈编号	参访者职位	企业类型	所属行业
LHYG01	副总裁	民企	文化旅行
LHYG02	人力部分负责人	民企	互联网
LHYG03	副总裁	民企	泛娱乐
LHYG04	人力部分负责人	民企	制造
LHYG05	执行总裁	民企	软件
LHYG06	人力部分负责人	民企	教育
LHYG07	总经理	民企	医疗服务
LHYG08	人力部分负责人	民企	教育
LHYG09	人力部分负责人	国企	服务
LHYG10	人力部分负责人	民企	制造
LHYG11	人力部分负责人	民企	平台/互联网
LHYG12	人力部分负责人	民企	平台/互联网
LHYG13	营销负责人	民企	地产
LHYG14	集团副总经理	国企	互联网电商
LHYG15	区域总经理	外企	互联网
LHYG16	人力部分负责人	民企	互联网
LHYG17	人力部分负责人	外企	服务
LHYG18	人力部分负责人	民企	教育
LHYG19	人力部分负责人	国企	零售
LHYG20	人力部分负责人	民企	零售
LHYG21	人力部分负责人	民企	零售
LHYG22	人力部分负责人	民企	平台/互联网
LHYG23	业务总经理	民企	软件
LHYG24	人力部分负责人	民企	平台/餐饮
LHYG25	人力部分负责人	民企	互联网/传媒
LHYG29	区域负责人	民企	物流
LHYG32	人力部分负责人	民企	制造

人力资源服务供应商访谈。课题组共访谈了7家细分市场的人力资源服务供应商，其中5家供应商接受访谈的对象为企业负责人，另外2家接受访谈的对象为企业相关业务的高管。5家供应商的主营业务为人力资源服务中的下沉市场，2家聚焦于“互联网+”方向的人力资源服务。地区方面，所有供应商均来自沿海发达地区。此外，课题组也对人力资源服务供应商内的灵活用工、与灵活用工直接相关的基层与中高层管理者进行了访谈，获取的一手资料包括员工角度的灵活用工选择过程与企业内实际工作经历，以及直接与间接管理者角度的灵活员工从招聘、培训到日常工作管理与离职或转岗这一完整岗位周期里各环节的认知与管理经验。通过该轮调研，课题组获取了来自人力资源服务供给方（乙方）的一手资料。

行业协会访谈。课题组访谈了北京人力资源服务行业协会、上海人才服务行业协会以及宁波市人力资源服务行业协会3个行业协会的负责人，得到中国人力资源服务市场从萌芽到发展这一历程及关键事件的珍贵资料。

以上为课题组收集的一手资料。与此同时，课题组同步补充收集了与参与访谈的企业、人力资源服务供应商、行业协会相关的新闻、报告、数据库等二手资料。最终，课题组将上述一手与二手资料整合后做质性分析，并基于此设计了随后的调查问卷。

二 问卷数据

课题组对用工企业与员工分别进行问卷调研，获取用工需求方与劳动力方的信息。

（一）企业问卷

企业问卷样本量。企业端问卷的发放对象为用工企业，共回收1014份填写完整的问卷。参与本次调研的企业覆盖了除新疆、西藏、青海、宁夏以外的所有省份。剔除无效答卷或明显低回答质量问卷后，课题组依据填写者所在职位与部门做进一步筛选，仅保留企业高层管理者与人事部门负责人填写的问卷，剔除可能对企业内灵活用工情况无法充分了解的人员（比如来自业务岗位或技术岗位的填写者）填写的问卷。最终，共计607份问卷被认为是可靠的企业样本，成为课题组后续量化分析的数据基础。在607个企业样本中，正在使用灵活用工的企业有338家（占55.68%），其余269家（占44.32%）企业表示自己没有使用灵活用工。

样本企业基本特征。问卷中收集了企业成立年限、地理分布、所处行业、基于所有权的企业性质、企业规模与业务所覆盖的区域范围等基本信息。

（1）成立年限与地理分布

样本企业的平均成立年限为15.44年，中位数为11年。从地理分布来看，64.09%的参与企业来自北京、上海、江苏、浙江、广东等沿海发达地区[①]，35.91%的参与企业来自非沿海发达地区（见图2-1）。

---

① 基于区域、经济发展状况方面的考虑，本报告将北京、上海、广东、浙江、江苏归为“沿海发达地区”，其他省、自治区、直辖市归为“非沿海发达地区”。

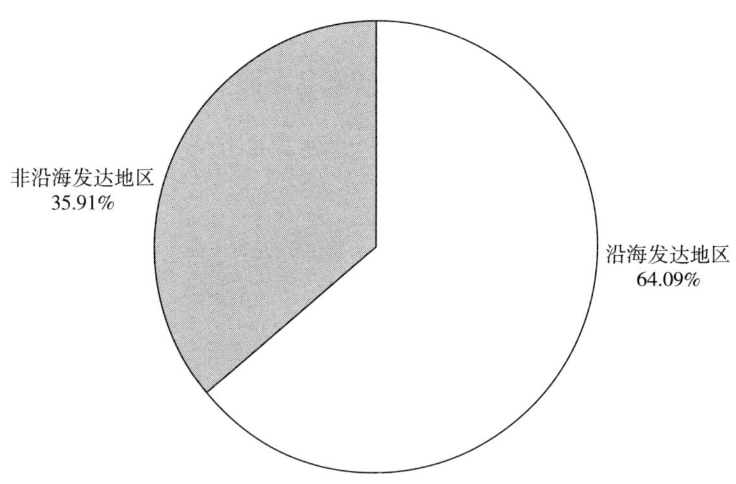

图 2－1　企业地理分布

（2）企业性质

69.03%的样本企业来自民营企业，20.92%的样本企业来自国有企业，其余为外资/港澳台企业（见图 2－2）。

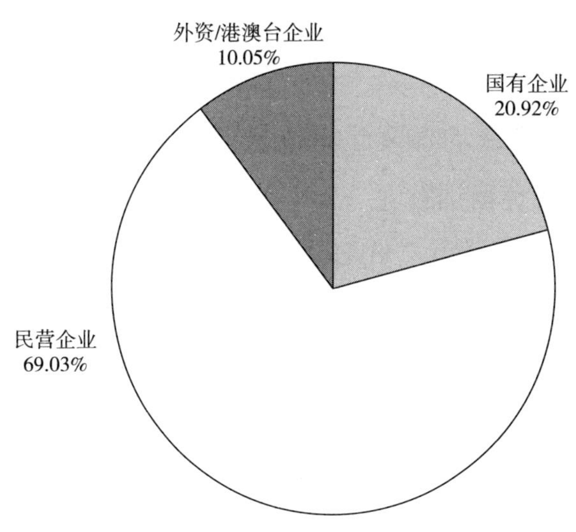

图 2－2　企业性质分布

（3）企业规模①

样本整体分布较均衡，28.2%的参与企业为小微企业，32.1%的参与企业为中型企业，39.7%的参与企业为大型企业（见图2-3）。

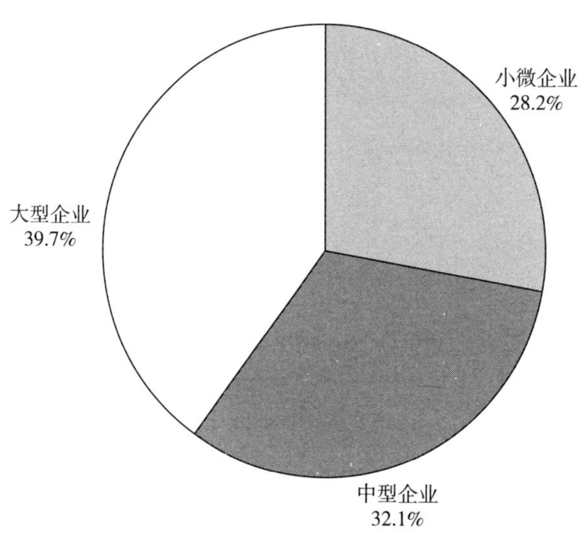

图2-3　企业规模分布

（4）行业

参与企业超过5%的行业包括制造业（17.46%）、金融业（15.82%）、教育培训行业（9.23%）、零售批发行业（8.73%）、房地产行业（7.58%）。此外，16.47%的参与企业为其他服务业。随后，课题组将行业分类进一步提炼，保留“制造业”这一分类不变，金融、房地产、IT、大医药（不包括同时为制造业的企业）、教育培训等行业的企业合并，统称为“现代服务业”，而

① 本报告将规模在300人以下的企业定义为小微企业，300~1000人的企业定义为中型企业，1000人及以上的企业定义为大型企业。

餐饮、酒店旅游、零售批发、交通运输仓储邮政等行业的企业合并，统称为“传统服务业”，不能够归类在制造业、现代服务业与传统服务业里的企业则被归类为其他行业。最终，58%的参与企业来自现代服务业，20%的参与企业来自传统服务业（见图2－4）。

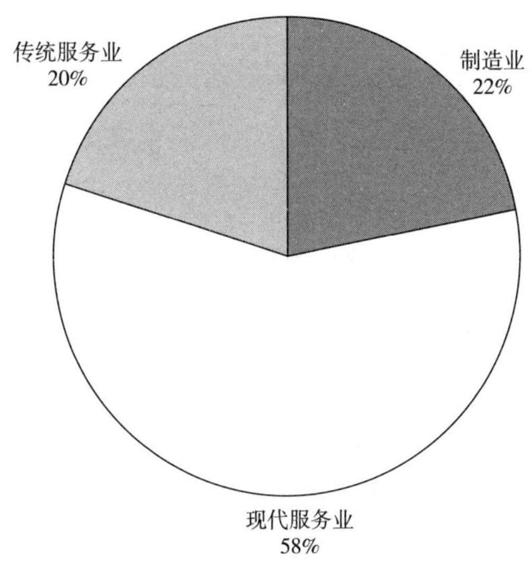

图2－4　企业行业分布

（5）企业经营业务的区域范围

仅有15.16%的参与企业经营业务的区域范围仅限于本市，超半数企业经营业务的区域范围为内地多省市（51.89%），另有32.95%的参与企业的业务触及港澳台及海外地区（见图2－5）。

综上，结合答题者的身份、企业的成立年限、企业规模、地理分布、企业性质、所处行业、企业经营业务的区域范围等基本信息来看，本次调研的样本具有一定程度的可靠性与代表性。

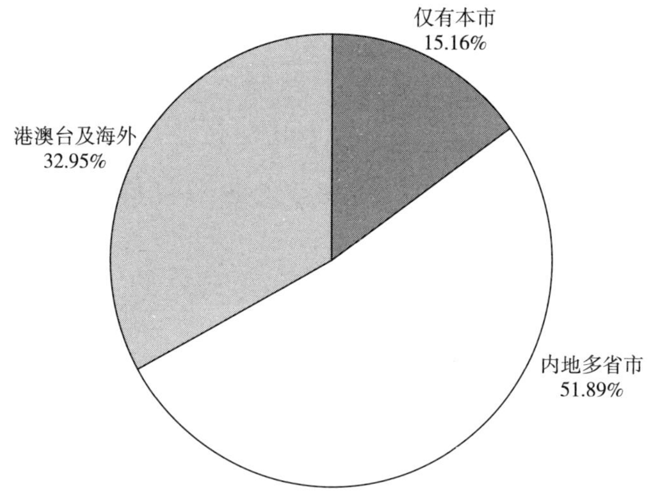

图 2－5　企业经营业务的区域范围

（二）员工问卷

课题组共获取 1387 份有效员工问卷。其中，与企业直接签约的普通合约员工 711 名，通过人力资源服务公司/第三方渠道签约就业的灵活员工 500 名，剩余 176 份样本来自通过各平台兼职的员工、自雇及待业员工。

（1）人口学特征

受访员工的平均年龄为 28.81 岁，56.45% 的员工为女性（见图 2－6）。就受教育程度而言，51.26% 的参与者拥有本科及以上学历（见图 2－7）。人口学特征显示，参与者总体年龄偏低，受教育程度较高。

（2）工作经验特征

在工作经验方面，受访员工平均拥有过 1.97 份全职工作经验，1.10 份兼职工作经验。截至调研时，39.29% 的受访员工全职工作

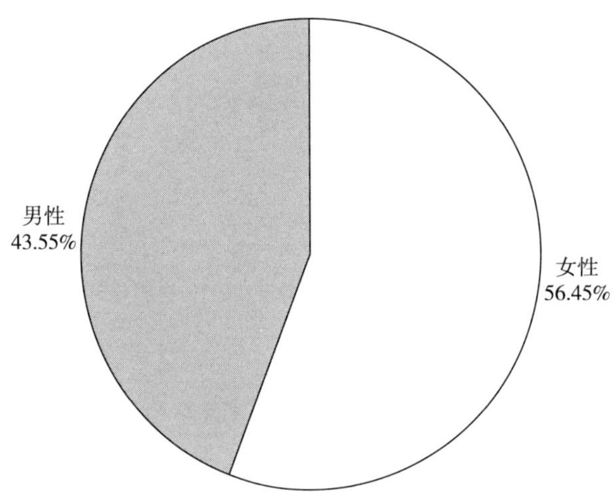

图 2-6 受访员工的性别分布

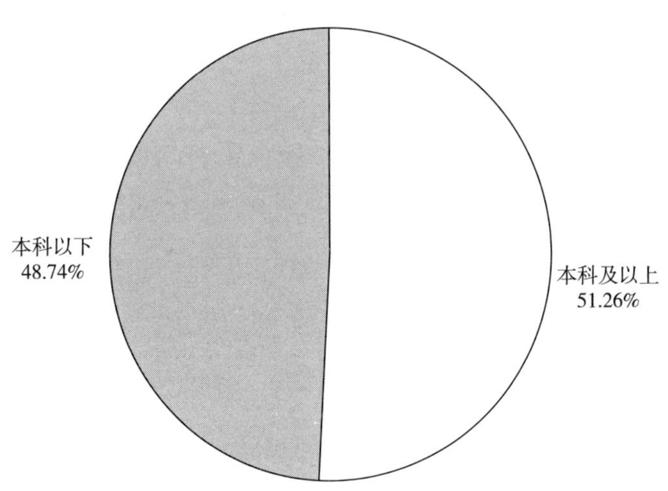

图 2-7 受访员工的受教育程度分布

经验在 3 年以下，48.38% 的受访员工全职工作经验为 3~10 年，另有 12.33% 的受访员工全职工作经验在 10 年及以上（见图 2-8）。

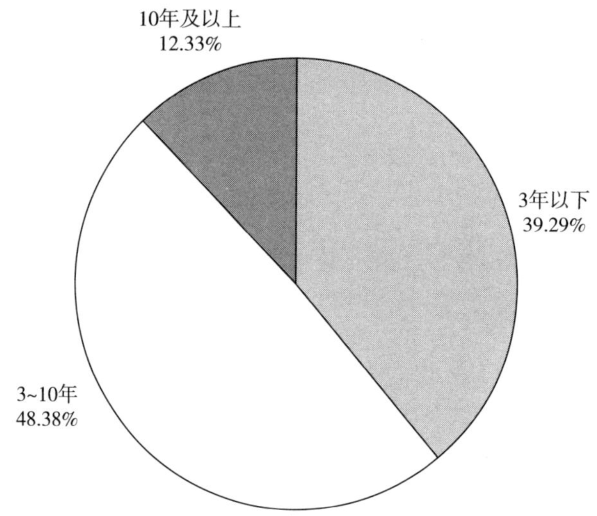

图 2－8　受访员工的全职工作年限

（3）收入水平

就收入水平而言，39. 15% 的受访员工月均收入在 6000 元及以上，44. 70% 的受访员工月均收入水平为 3000 ~ 6000 元，仅有 16. 15% 的受访员工月均收入在 3000 元以下（见图 2－9）。

（4）工作地区与行业

53. 57% 的受访员工在北京、上海、江苏、浙江、广东等沿海发达地区工作，其余 46. 43% 的受访员工在非沿海发达地区工作。在行业方面，38. 65% 的受访员工在现代服务业相关行业就业，7. 71% 的受访员工在制造业，5. 91% 的受访员工在传统服务业，其余受访员工分布在其他各行业，抑或是受访员工不能准确判定自己所在行业而选择“其他”选项（如“其他服务业”）。因此，员工问卷中的行业数据缺失值相对较多。

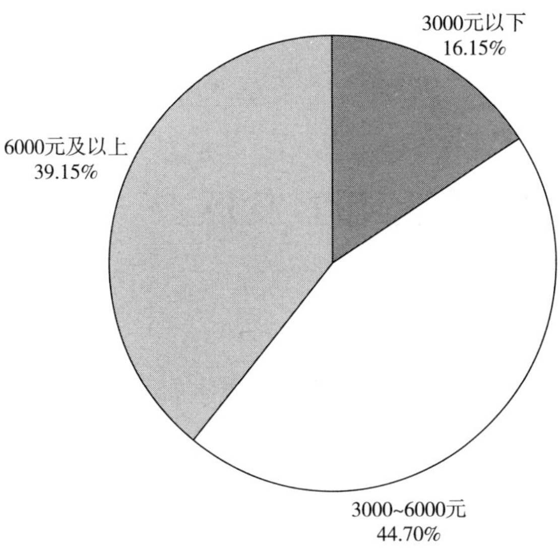

图2-9　受访员工的月均收入水平

第三章

组织变革与灵活用工发展

自2008年以来，伴随着传统模式下的商业巨头的衰落，越来越多的数字化企业走上国际舞台，工业时代的组织逻辑被挑战，以数据为基础的第四次技术革命对组织提出了新的命题。在工业时代，组织的逻辑是线性的、由内部主导的，效率取决于规模与分工，成本与产量决定绩效。而由数据驱动的数字化当下，组织的生存逻辑被极大地改变。效率不仅来自分工，还来自组织内与组织间的协同；绩效也不仅取决于组织内部，还极大地受组织外部环境的影响，企业与产业的边界更是不断地受冲击或被改变。数字技术带来的这些影响促使组织主动或被动地进行数字化方向的变革。

组织的数字化变革可能是自上而下推进的，可能是自下而上涌现的，也可能是同时进行的，组织的“硬件”（如结构或系统）与“软件”（如员工想法或行为）也随之改变。詹姆斯·汤普森（1967）在其经典著作《行动中的组织》里谈及人力因素对组织发展有关键影响。人才是企业的核心战略资源之一，充分开发或使用人力资源是组织发展的核心（Grant，1996）。当数字技术驱动组织进行变革时，组织内的人力资源有可能无法匹配组织的战略需求与发展（Oh & Pinsonneault，2007）。人力资源领域的边界也由此被打破，缺工组织将其人力资源需求外化，而人力资源服务公司等组织则创造并提供人力资源及其衍生物（如基础管理、培训）为产品。至此，在数字技术驱动下，用工组织与人力资源服务公司形成具有共生性的协作网络，共同应对变革过程。

组织变革是一个长期的、反复的、动态的过程，而企业在实践中的具体表现之一是进行数字化转型。因此，课题组通过调查用工企业的数字化转型程度来作为组织变革的一个剖析面，分析不同程度数字化转型中的企业的基本特征、转型绩效以及这些企业在灵活用工方面的现状。最后，本章还简要分析了技术如何驱动企业组织变革。

一　数字化转型企业的现状

在参与本次问卷调研的 607 家企业中，有 294 家企业为数字化转型相对领先的企业，行业中处于数字化转型相对滞后地位的企业则有 313 家。相对滞后具体表现为缓慢进行数字化转型（189 家）或对数字化转型持观望或怀疑态度（124 家）。对比数字化转型相对领先与相对滞后的企业的基本特征，我们发现，成立年限更短的企业、大型企业、现代服务行业的企业、平台型企业、经营业务的区域范围更广的企业相对更积极地进行数字化转型，而在地理分布与企业性质这两个维度上没有呈现明显差异。

（一）数字化转型企业的基本特征

企业成立年限。相较于数字化转型相对滞后的企业（平均成立年限为16.87年），数字化转型相对领先的企业（平均成立年限为14.08年）的平均成立时间较短。

地理分布。数字化转型相对领先的企业在沿海发达地区与非沿海发达地区的比例与数字化转型相对滞后的企业相近，均有约2/3的企业分布在沿海发达地区，约有1/3的企业分布在非沿海发达地区（见图3－1）。即是否在积极地进行数字化转型与企业地理分布关系不大。

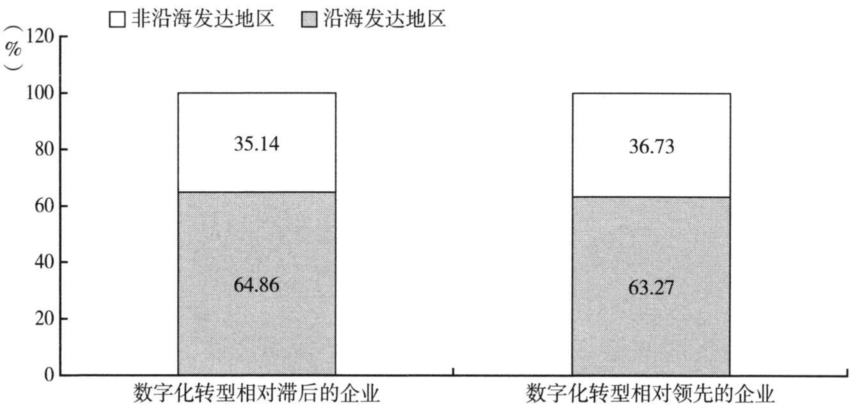

图3－1　数字化转型与企业地理分布

企业性质。数字化转型相对领先的企业在企业性质上与数字化转型相对滞后的企业相近，均有超过2/3的企业为民营企业，约有1/5的企业为国有企业，其余比例则为外资/港澳台企业（见图3－2）。即企业是否在积极地进行数字化转型与其企业性质并没有呈现明显的关联。

企业规模。领先进行数字化转型的企业更多地存在于大型企业中（48.30%），而数字化转型相对滞后的企业则平均分布在小微

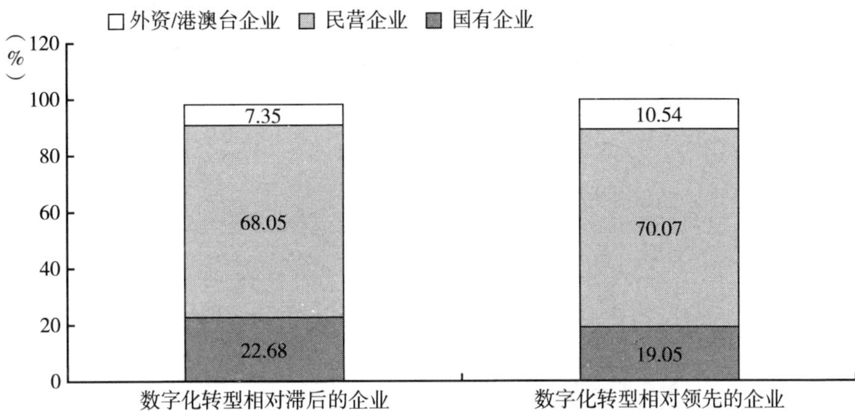

图3-2　数字化转型与企业性质分布

企业、中型企业与大型企业中，比例依次为31.63%、36.74%和31.63%（见图3-3）。

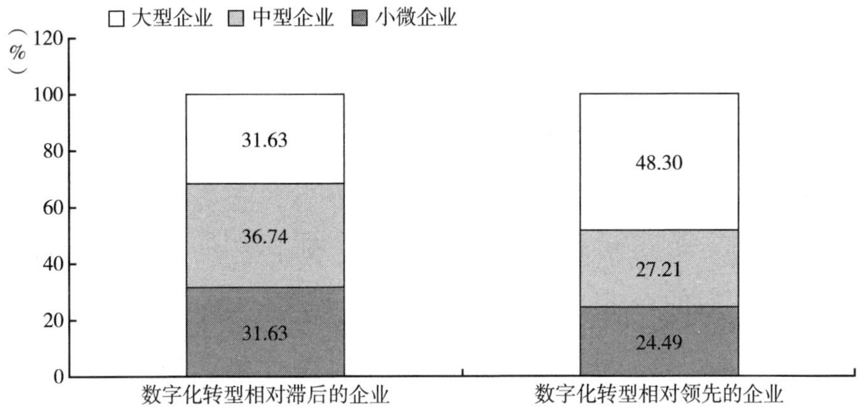

图3-3　数字化转型与企业规模分布

企业所属行业。数字化转型相对领先的企业与数字化转型相对滞后的企业相比，从事现代服务业的企业更多（48.64%），制造业与传统服务业没有明显差别（见图3－4）。行业数据反映了现代服务业企业相对更积极地进行数字化转型，而制造业与传统服务业在数字化转型程度上差异不大。

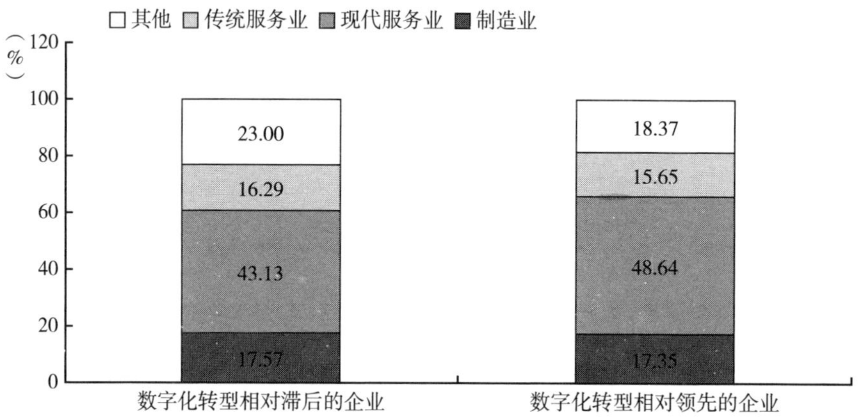

图3－4　数字化转型与企业行业分布

企业经营业务的区域范围。如图3－5所示，经营业务的区域范围在内地多省市时，企业是否积极地进行数字化转型的差别并不明显，均为半数左右的企业。而当业务范围扩展到港澳台与海外时，数字化转型相对领先的企业比例明显高于数字化转型相对滞后的企业，分别为37.76%与28.43%。因此，企业经营业务的区域范围更广泛时，企业更有可能积极地进行数字化转型。

是否平台型企业。如图3－6所示，所有的平台型企业都是在行业中领先进行数字化转型的企业，没有平台型企业认为自身在数字化转型中处于相对滞后的地位，与我们对平台经济的观察保持一致。

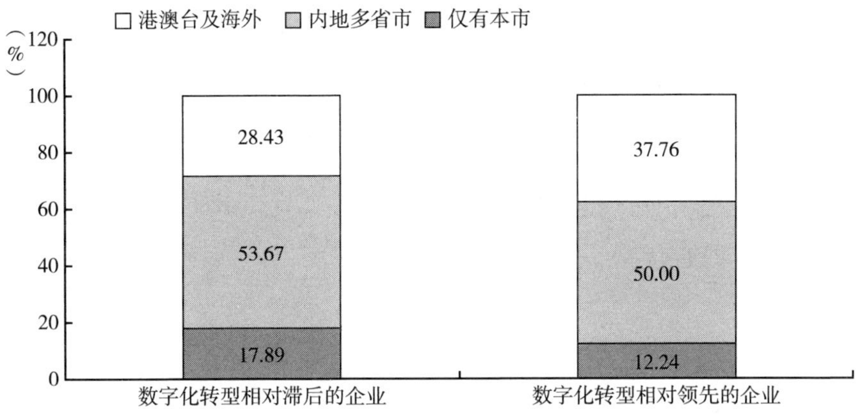

图 3－5　数字化转型与企业经营业务的区域范围

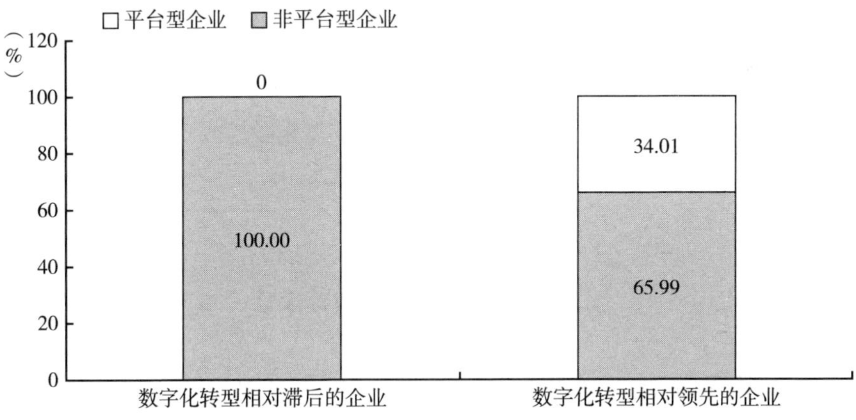

图 3－6　数字化转型与平台型企业

（二）数字化转型相对领先的企业更具有竞争力

对于正在进行数字化转型（相对领先或缓慢转型）的企业，课题组进一步采集了数字化转型在六个绩效指标上对企业的影响，包括①总销售额是否明显增加，②已有业务市场份额是否明显增加，③有无加速扩展企业业务边界，④客户响应速度是否明显增长，⑤企业抓住未来发展机会的能力是否明显得到提升，⑥企业在行业里的影响力是否有提升。结果显示，相对领先采纳数字化转型的企业在这六个绩效指标上的表现都明显优于缓慢采纳数字化转型的企业（见图 3－7）。这充分说明领先进行数字化转型的企业在企业运营中更具有优势。

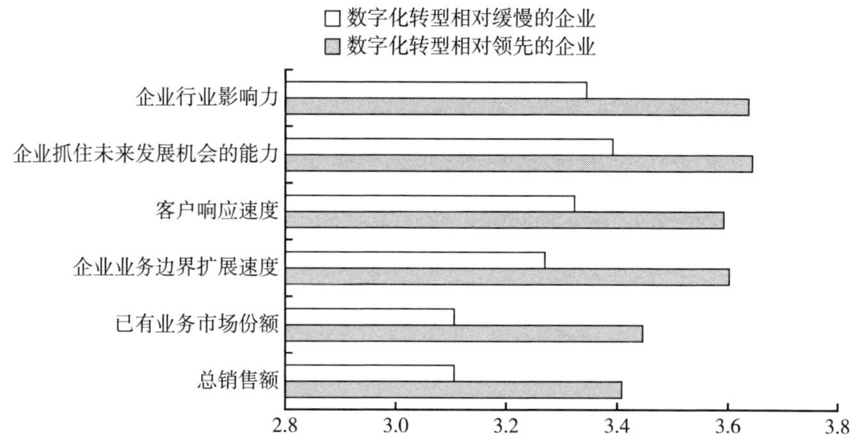

图 3－7　数字化转型绩效表现

另一个是企业在所处行业内的相对竞争地位。数据显示，与同行业里规模、资源、成立年限相当的竞争对手相比，45.24% 的数字化转型处于相对领先地位的企业表示其业绩比竞争对手更好，仅有 28.75% 的数字化转型处于相对缓慢的企业表示其业绩比竞争对手更好；7.82% 的数字化转型处于相对领先地位的企业表示其业绩不如竞争对手，而数字化转型处于相对缓慢的企业中则有 17.25% 表示其业绩不如竞争对手（见图 3－8）。这些数据再次从行业整体竞争的视角体现了积极地进行数字化转型的企业更可能在瞬息万变的市场中获取相对竞争优势与领先地位。

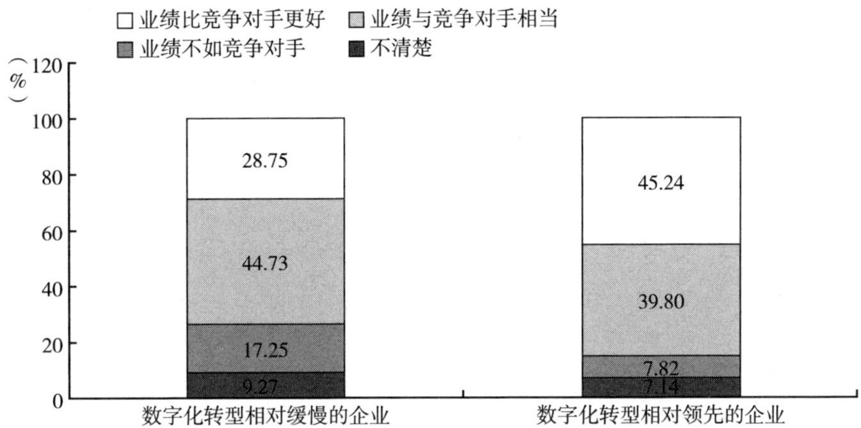

图 3－8　数字化转型与企业竞争地位

二　变革企业的用工现状

（一）数字化转型相对领先的企业对灵活用工认知度更高

企业对灵活用工认识水平的高低可以直观反映灵活用工是否是该企业战略的一部分。企业卷数据显示，在对灵活用工有高度认知的企业中，相对领先进行数字化转型的企业占比（14.97%）超出数字化转型相对缓慢的企业（7.67%）近一倍。相似的，在完全不了解灵活用工的企业中，数字化转型相对领先的企业占比（4.76%）也比数字化转型相对缓慢的企业（10.22%）低。在“有一些了解”和“比较了解”这两个中等认知程度里，领先型与缓慢型企业差别不大（见图 3－9）。课题组在访谈中听取了用工企业是如何深层次探索与思考技术、灵活用工与用工组织之间的关系。

随着技术的发展，我们以前有的不能做的业务，我们现在可以大批量做了。就是以前他不是一个海，现在他是一个蓝海了，比如说我们说的五星级酒店以及它的灵活用工。五星级酒店一般附带这种餐饮，餐饮具有季节性波动，还有每周的波动、每天的波动都是非常大的……这个产品在没有互联网技术之前我们是没法解决的，但是有了互联网技术之后我们都可以解决……这就是科技让人才服务，并且是一个非常重要的案例。（访谈编号：LHYG30）

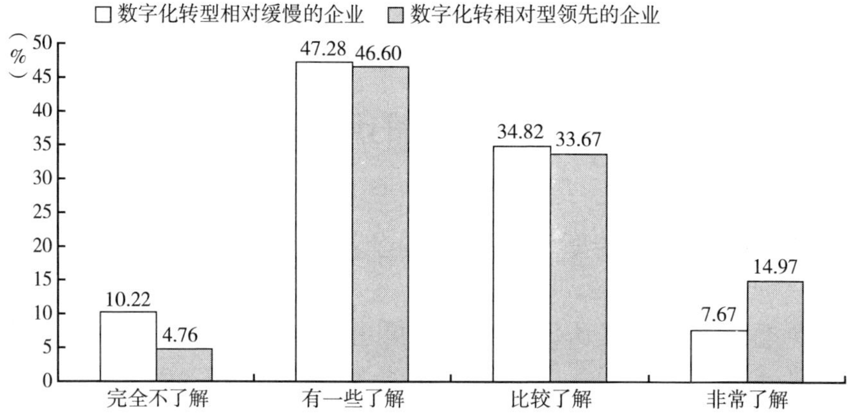

图 3－9　数字化转型与企业对灵活用工的了解程度

（二）数字化相对转型领先的企业更偏好稳定使用灵活用工

如图 3－10 所示，在灵活用工使用规模上，稳定使用或扩大灵活用工使用规模的用工企业中，处于数字化转型领先角色的企业（35.03%）比例明显高于数字化转型相对缓慢的企业（23.96%）。

在缩减灵活用工使用规模的企业中，数字化转型程度并没有呈现显著的影响（分别是25.51%和27.16%）。而在从未使用灵活用工的企业里，缓慢进行数字化转型企业的比例（48.88%）则明显高于领先进行数字化转型的企业（39.46%）。这三个维度相结合，约有60%数字化转型处于领先地位的企业在使用灵活用工。

与此前用工企业对灵活用工认知程度相结合，我们发现数字化转型领先的企业不仅在意识形态上将灵活用工纳入其战略思考中，也在实践里更为广泛、稳定地使用灵活用工。

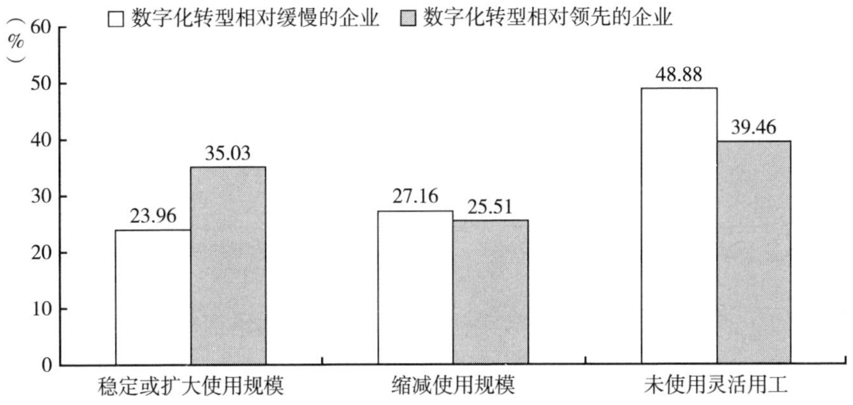

图3-10　数字化转型与灵活用工使用规模

（三）数字化转型相对领先的企业为灵活员工提供更多资源

在企业对灵活用工的投入中，数字化转型处于相对领先地位的企业也对灵活员工提供更多资源。以岗前培训为例，尽管目前绝大多数灵活员工所从事的都是技能相对简单、协作性较低的工作，但不同企业愿意投入的培训资源并不相同。我们发现，数字化转型处于相对领先地位的企业倾向于投入更多的培训资源用于灵活人才管理，其岗位培训时间平均为 12. 67 天，而数字化转型相对缓慢的企业提供的培训时间平均为 8. 78 天（见图 3 – 11）。有效、充分的培训不是时间上的简单延长，而是更充足的技能学习，提高新员工的组织适应能力，增强其对组织的认同感，保障新员工更好地配合组织的战略发展。

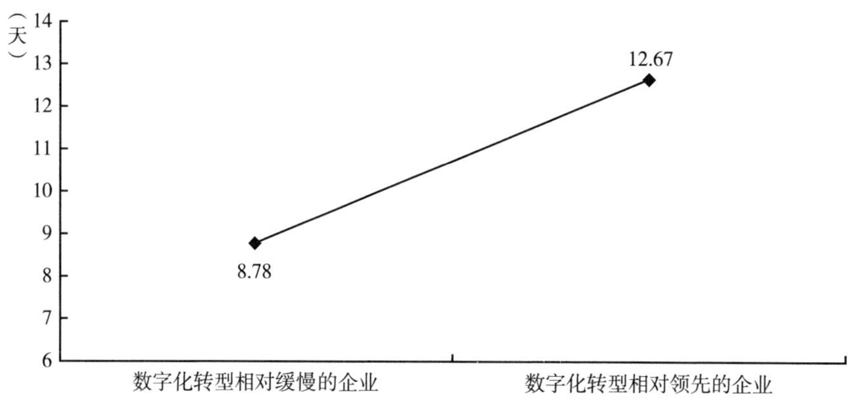

图 3 – 11　企业数字化转型与岗前平均培训时间

三　数据技术驱动组织变革

数据技术尚在高速发展阶段，组织对潜在影响难以准确、及时地理解，同时对未来也难以预测与计划。因此，相较于如摩托罗拉式的被动应对，组织只有深入理解数据技术带来的关键改变，不断主动地拥抱变革，才能够应对第四次技术革命带来的新变化，保持甚至提高其相对竞争优势。在本章最后一部分，我们试图从数据技术是如何驱动组织形态与运作方式重塑，打破组织与人才的关系以及组织与利益相关者（组织）的边界，来探讨理解数据技术如何驱动组织变革。

（一）技术增强组织结构弹性

数据作为一种新的生产要素，不仅为生产方式带来了改变，也为组织的形态与运作带来巨大的影响（Bharadwaj et al.，2013；Nambisan et al.，2017）。传统组织是以职能为主导，按照组织任务划分职能部门，所有职能部门都各自发挥其专业性，在自己的职能上发挥主导作用。职能型组织依然是最为常见的、广泛使用的组织形式，但其缺点也日益凸显，如职能冗余或缺失，职能部门往往各自为政、协作困难，阻碍组织效率的提高等。与之对应的是项目型组织，以一个个独立项目为核心设置组织架构、人员与其他资源来快速完成项目目标。相较于职能型组织，项目型组织可以有效地打破职能部门之间的隔阂，但在运作中也存在不足，比如在多个项目并存时，可能会产生重复性投入，对组织的有限资源带来浪费，以及组织可能难以对多个分散项目进行优化管理（Hobday，2000）。

数据技术作为一种生产工具，为职能型与项目型高效并存提供了前所未有的条件。以数据中台为例，数据技术使得过往彼此割裂的职能部门数据、项目数据能够被整合与分析，帮助组织优化流程、快速响应组织外部需求、配置项目小组，最终使组织能够在形态上、运作上极大地提升应对不确定性的能力与效率。

（二）技术增强人力资源的灵活性

自我决定理论（self-determination theory）认为，员工具有自主

（autonomy）、胜任（competency）和归属（relatedness）三项基本的、与生俱来的心理需要，其中自主性需求对维持员工的自我效能感与绩效最为重要（Gagné & Deci，2005）。以往，组织更多地探讨如何通过领导方式来更好地确保员工的自主性需求得到满足。比如，变革型领导在工作中注重满足员工的自主性需求，给予下属更大的自由度，下属员工往往表现出更高的内在动机、工作满意度以及组织忠诚度；而服务型领导则主张合理的授权，比如，让下属负责职权范围内的重大决策或支持员工创造性地解决问题，有助于满足下属的自主性需求，进而提升员工的内在动机（McColl-Kennedy & Anderson，2002）。基于自我决定理论，技术至少从两个方面重塑组织与人才的关系。一方面，技术使企业可以极大化地保留员工的自主性；另一方面，技术使员工可以最大化发挥其胜任力，共同使员工实现自我驱动。

技术对人才与组织间关系的影响是多层次的。首先，在新技术时代，人才与组织的关系从传统雇佣转向合作伙伴，事业合伙制、成就共享计划等均是在这种组织内人才与组织新关系下的产物。其次，技术使组织对人才的管理产生新的变化。传统管理是基于科层制的分工、分岗、分部门管理，部门与部门之间、层级与层级之间往往不能达到理想的精密协作而产生大量摩擦。在技术变革驱动下，组织将人才管理与业务相融合，以业务为导向打破层级与部门之间的掣肘，形成组织内新生态圈。

在课题组的访谈中，多家用工企业与人力资源服务公司就技术发展对企业人才管理的影响做了展望式探讨，比如，大数据应如何激发员工在组织活动中的胜任力。

除了我刚才提到的技术以外，所有的技术一定是基于大数据的，所以……有一个优势就是我有你的专业岗位上的相关人员和业务的海量数据……基于这一点……可以对他们的首领、他们的人做深度的分析，他手里的每一个人能够胜任到什么样的程度？人的附加值可以进一步地开发去提高……他能够把这些人充分的识别，就说明他能去练就一支非常专业的队伍……可以做更大的调度……让劳动力产生共享……基于这种数据，能够实现对人才的把控，我能把这些人调动起来，在各个企业做一些运转。（访谈编号：LHYG02）

（三）技术促进组织间的协作

自互联网蓬勃发展以来，企业逐渐由信息技术企业转变为数据技术企业。前者更多地关注企业内部的管理能力，通过建立良好的信息系统来提高企业的内部效率，而后者则包括对外的能力，通过飞快提升的算力让企业将数据输送到企业中心，从而使企业可以利用大数据做出更好的决策（Mazzei & Noble，2017）。有别于传统理论中的规模经济与企业效益，物联网与机器学习等技术协作使消费者的数据被分析与学习，生产组织可以更为精准地基于消费者数据提供定制化的产品与产量。因此，在第四次技术革命中，组织与利益相关者的关系被重新定义。消费者可以同时是生产者，如Uber组织私家车主利用闲置时间转变为交通运输服务的提供者，Airbnb组织房屋所有者利用房屋空置时间转变为住宿提供者，这种生产与消费身份的自由转换带来全新的商业模式，为组织带来了强大的生命力。在课题组的访谈中，多家企业高管与负责人反复提及数据要素对于当下的组织与生产可能带来的意义，比如，数据对组织生产与经营效率的影响。

> 数据是什么？驱动的是决策，实际上就是决策。决策分为三个层次：第一个战略决策，第二个管理决策，第三个操作层的决策。其实数据驱动就是决策，决策再分三个层次看，举个例子，当你打开淘宝网的时候，每个人看到的东西不一样，典型的操作层就叫作数据驱动，操作层面的驱动，它跟你的算法。所以操作层面的驱动是在流程中就贯彻在很多的节点上，让我的效率更高。数据驱动的定义是什么？机器代替人决策，就这一句话，这个代表所有的东西，这是一个，就很多点上让你是效率最高的。（访谈编号：LHYG41）

在传统的组织间关系中，组织与组织间边界分明，有限合作（Van de Ven，1976）。而数据技术发展的过程伴随的是组织与利益相关者从边界分明走向有限边界，从有限边界走向生态网络协作。以产业链为例，生产型企业与产业链的上游供应商与终端销售渠道过去所采取的是基于价值分配的合作模式，通过既定的合约分配固定的价值，这种价值是相对静态的。而生态网络则要求网络内的每个组织甚至每个个体，都尽可能地发挥其胜任力，为整个生态网络上的成员提供价值，并持续创造价值，这种价值是持续增长的。最新数据技术的发展使生态网络上的成员协作提供价值更具有可能性。比如，小米尝试打造的物联网生态系统，以技术与客户为基础，链接设计、生产、服务，形成一个共生发展的生态圈。劳动力、资本与土地依然是重要的生产要素，但生产过程中的核心已经从这些传统生产要素转变为信息与知识，如何有效地与组织所处的生态系统中其他群体合作，或将更多的群体纳入组织自身所处的生态系统中，从而在生态圈内拥有更多合作共生共赢的组织伙伴与人才伙伴，成为组织未来发展的关键（Cennamo, 2019）。最终，如某物流公司所反馈，竞争不再是组织与组织间的竞争，而将成为组织所在的生态圈之间的竞争。

> 如果你做了 X 的业务，他就不会给你做 Y 的；你做了 Y 的业务，如果你跟 Y 签了合同，做他的仓，做他的发货，那就不会把我自己的业务给你做。现在我们所有做生意的，你做大了，只要涉及 X、Y、Z 这些巨头之间，都是要站队的。实际就是多选一。（访谈编号：LHYG29）

第四章
灵活用工市场现状

2019 年，我国人力资源服务业营业总额为 1.96 万亿元，帮助劳动者实现就业和流动 2.55 亿人次，服务用人单位达 4211 万家次（中华人民共和国社会保障部，2020）。这些数字从不同侧面反映了我国灵活用工市场的状况。本章主要结合问卷调查数据、访谈资料，从企业使用灵活用工的比例、动机、顾虑等方面，讨论我国灵活用工市场发展的总体情况，并介绍不同类型企业（包括企业所在地、行业、企业性质、是否平台型企业、成立年限、业务区域范围、规模、发展阶段、竞争地位等维度）在灵活用工使用方面的差异。

一　灵活用工市场的总体状况

从数据上看，无论是使用灵活用工企业的比例，还是人力资源服务业的营业收入、从业人员、机构数量，在近年均有较大幅度增长，这反映出我国灵活用工市场的快速发展。与这一趋势相关联的，是企业和员工对灵活用工较高的认知度。调查数据显示，分别有 92.42% 的企业和 84.87% 的员工表示对灵活用工

“有所了解”或“非常了解”。但从本次企业卷调查数据来看，大规模使用灵活用工的企业并不多，企业灵活用工占总体用工比例多在10%以下。

（一）企业灵活用工和人力资源服务业增长较快

2020年，有55.68%的企业在使用灵活用工。其中，29.32%的企业表示“稳定或扩大使用规模”，26.36%的企业表示“缩减使用规模”（见图4－1）。与2019年相关机构的调研结果（44.6%）相比，我国使用灵活用工的企业占总体的比例提高了约11个百分点（人瑞集团、中外管理，2019）。与这一趋势类似的是，我国人力资源服务行业也在迅速发展。2013～2019年，人力资源服务业的营业收入由6131亿元增长至1.96万亿元；从业人员由35.8万人增长至67.5万人；机构数量由2.64万家增长至3.96万家（王克良，2014）。

（二）大多数企业和员工对灵活用工有所了解

从企业对灵活用工的了解程度看，分别有34.27%和11.20%的企业表示对灵活用工“比较了解”和“非常了解”，只有7.58%表示“完全不了解”（见图4－2）。从员工对灵活用工的了解程度看，分别有21.12%和5.55%的员工表示对灵活就业“比较了解”和“非常了解”，有15.21%的员工表示“完全不了解”（见图4－3）。由此可见，企业对灵活用工的认知度要更高一些。

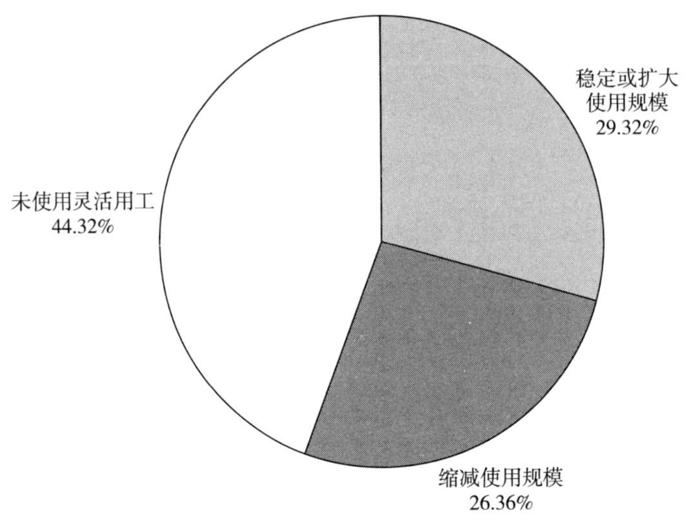

图4－1　企业使用灵活用工的情况

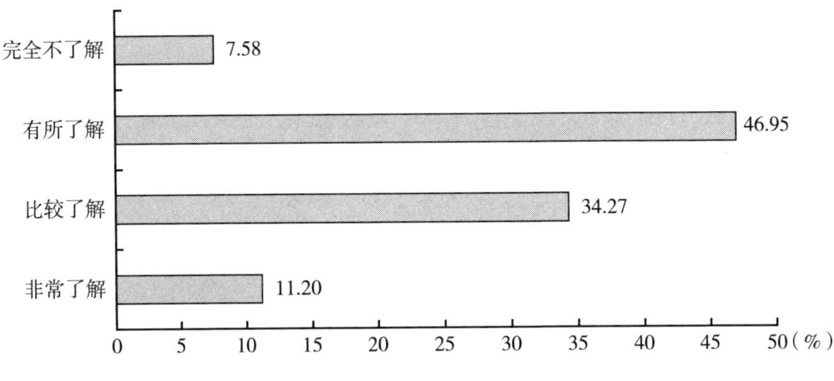

图4－2　企业对灵活用工的了解程度

（三）企业灵活用工占总体用工比例多在10%以下

从企业灵活用工占总体用工的比例看，44.32%的企业灵活用工占比为“0”，34.93%的企业为“10%以下”，分别有12.36%、8.40%的企业为“10%～30%”和“30%及以上”（见图4－4）。

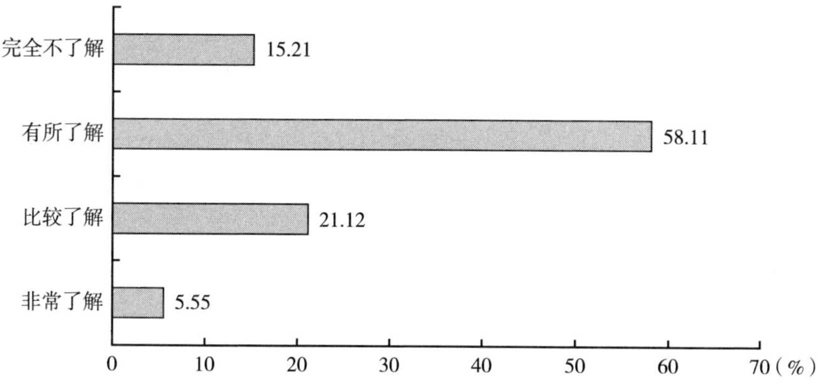

图 4－3　员工对灵活用工的了解程度

企业灵活用工占总体用工的实际比例应该比问卷呈现的数据高，主要基于以下两个原因。①部分企业未将灵活用工的员工视为企业职工。比如，在建筑业中，有超过 2/3 的企业认为其灵活用工占比在“20% 以下”，但实际上我国建筑业盛行“分包制”，大部分建筑工

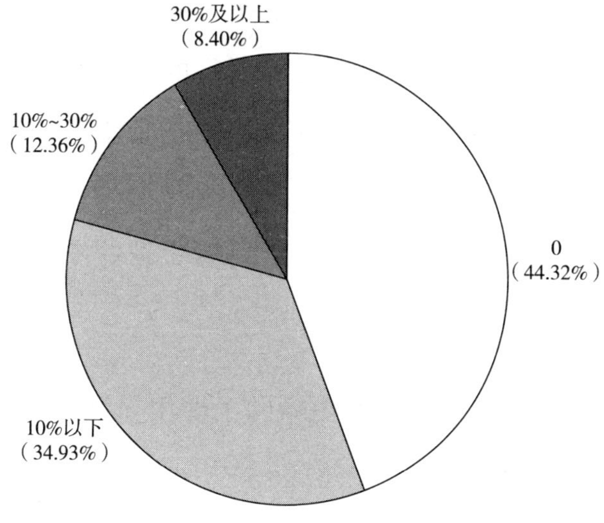

图 4－4　企业灵活用工占总体用工的比例

不可能与建筑公司签订劳动合同，灵活用工在该行业占据绝对主导地位。又如，“众包”在平台型企业中比较盛行，但从调查数据看，只有 14.29% 的平台型企业采用了“众包”这一灵活用工形式。②国家对“劳务派遣”的比例和岗位性质有所限制，被访企业可能倾向于低报灵活用工比例。

二　不同企业使用灵活用工的差异

在分析企业使用灵活用工的总体情况后，我们进一步比较不同企业使用灵活用工的差异。从企业卷调查数据看，沿海发达地区企业相比于非沿海发达地区企业，传统服务业相比于制造业、现代服务业，外资/港澳台企业、国有企业相比于民营企业，平台型企业相比于非平台型企业，成立年限长的企业相比于成立年限短的企业，业务区域范围广的企业相比于业务范围小的企业，大型企业相比于小微企业，业绩比竞争对手更好的企业相比于业绩一般的企业，处于稳定发展期、扩张期的企业相比于处于转型期、成长期、初创期的企业，更有可能使用灵活用工。

（一）沿海发达地区企业更倾向于使用灵活用工，且更有可能扩大灵活用工规模

从企业所在地看，公司总部所在地为沿海发达地区的企业相比于非沿海发达地区企业更有可能使用灵活用工，两类区域使用灵活

用工的企业比例（分别为58.36%、50.92%）均超过了一半。总部在沿海发达地区的企业，“稳定或扩大使用规模”和“已缩减使用规模”的比例分别为31.11%、27.25%，均高于非沿海发达地区的企业（见图4－5）。从访谈经验看，相比于非沿海发达地区，沿海发达地区的社会分工更为精细，人力资源服务市场发育相对成熟，企业更容易从人力资源服务供应商那里获得相对规范、可靠的服务。数据显示，沿海发达地区企业对灵活用工的了解程度也相对更高。从各类企业灵活用工占总体用工比例看，非沿海发达地区企业相对沿海发达地区企业，灵活用工占比更多集中在“10%以下”，在“10%～30%”和“30%及以上”占比的差别不大（见图4－6）。由此可见，灵活用工在沿海发达地区企业的普及程度更高，扩大使用规模的趋势更明显，但企业对灵活用工的使用程度（灵活用工占企业总体用工的比例）与非沿海发达地区相比并没有特别明显的差别。

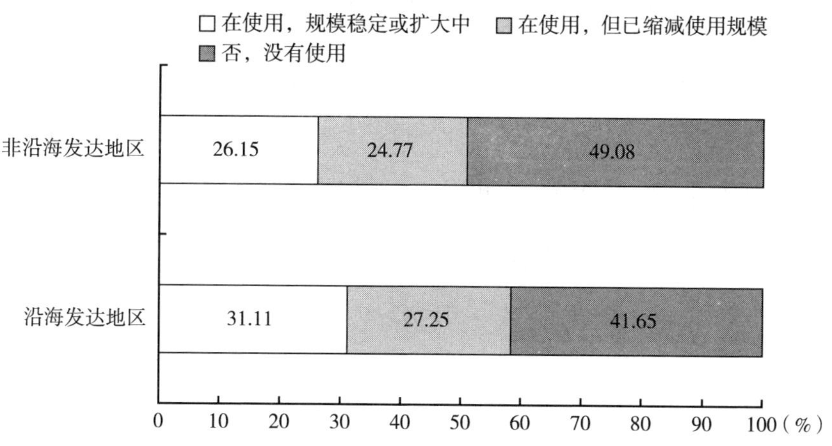

图4－5　不同区域企业灵活用工使用情况

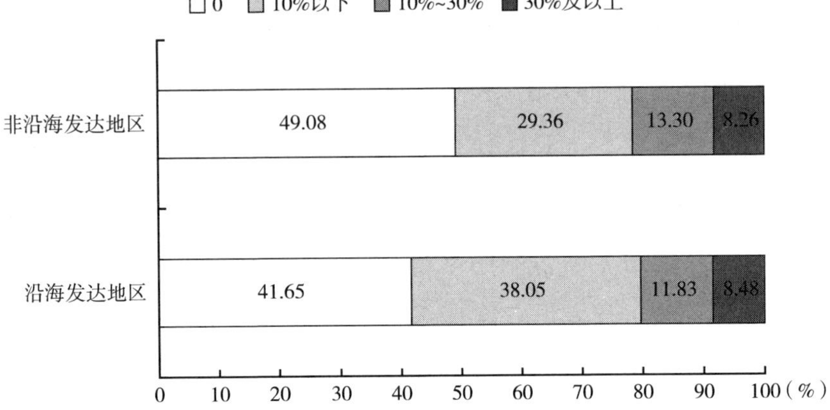

图4－6　不同区域企业灵活用工占总体用工比例

（二）传统服务业的企业使用灵活用工的倾向最强、程度最深

在行业方面[①]，传统服务业使用灵活用工的企业比例（61.86%）超过六成，其次是制造业（58.49%），现代服务业（52.16%）最低。制造业“缩减使用规模”（38.68%）的现象比较突出，疫情、国际贸易环境和整体经济形势对制造业用工的影响比较明显。传统服务业和现代服务业“稳定或扩大使用规模”的比例相对更高一些，均接近三成（见图4－7）。从各行业企业灵活用工占总体用工的比例看，灵活用工占比在“10%以下”，制造业企业的比例（43.40%）明显更高，其后

① 本报告将金融、房地产、IT、大医药（不包括同时选“制造业”的情况）、教育培训归为现代服务业，将餐饮、酒店旅游、零售批发、交通运输仓储邮政业归为传统服务业。为简洁起见，文中只呈现制造业、现代服务业、传统服务业的情况，建筑业（样本量相对较小）和其他信息不明行业的情况不再阐述。

依次为现代服务业、传统服务业（分别为35.25%、28.87%）。传统服务业分别有19.59%、13.40%的企业灵活用工占比分别在“10%～30%”和“30%及以上”，均高于制造业和现代服务业（见图4－8）。不同行业在用工方面的差异，与其生产技术特点有较大关联。现代服务业大部分工作的技术性、专业性相对较强，灵活用工的适用性相对较低。制造业存在大量重复性、简单操作的工种，外向型生产企业订单的季节性波动也较大，但工业化大生产的协作性较强，因此在灵活用工的使用上也存在一定限制。传统服务业大部分工作的技术性、专业性较弱，且其生产比较容易分解为一次次任务，生产协作性较低，使用灵活用工的限制最少。因此，传统服务业无论在灵活用工的普及程度上，还是在企业灵活用工占总体用工的比例上，均高于制造业和现代服务业。

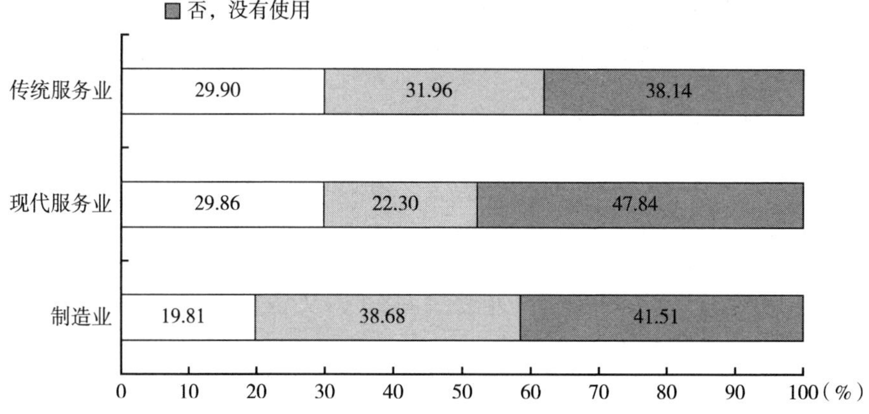

图4－7　不同行业企业灵活用工使用情况

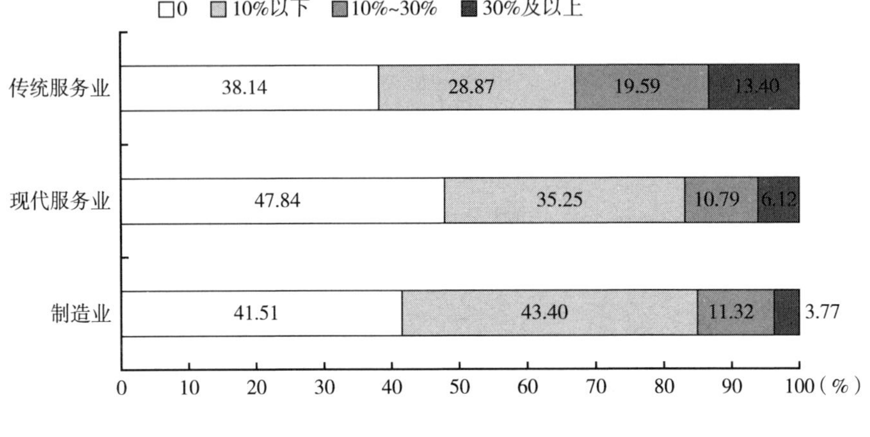

图4-8　不同行业企业灵活用工占总体用工比例

（三）外资/港澳台企业和国有企业使用灵活用工的倾向明显强于民营企业

从企业性质看，使用灵活用工的外资/港澳台企业的比例为66.67%，其次为国有企业（61.42%）、民营企业（52.03%）。民营企业灵活用工的普及程度明显低于前两类企业。外资/港澳台企业"缩减使用规模"和"稳定或扩大使用规模"两种趋势并存（占比分别为35.19%、31.48%），"缩减使用规模"的趋势相比其他性质企业更为突出；国有企业"稳定或扩大使用规模"的趋势相对更为突出（33.86%）（见图4-9）。从各类企业灵活用工占总体用工比例看，各类性质企业使用灵活用工的比例多集中在"10%以下"，外资/港澳台企业（42.59%）尤其突出；外资/港澳台企业使用灵活用工比例（12.96%）在"30%及以上"的现象也比较突出；国有企业则在"10%～30%"的比例（16.54%）相对更高（见图 4－10）。总体而言，外资/港澳台企业和国有企业相比于民营企业更有可能使用灵活用工；国有企业相对更倾向于“稳定或扩大使用规模”；外资/港澳台企业则是稳定或扩大灵活用工使用规模与缩减使用规模的趋势并存，且大规模使用灵活用工的企业比例相对较高。

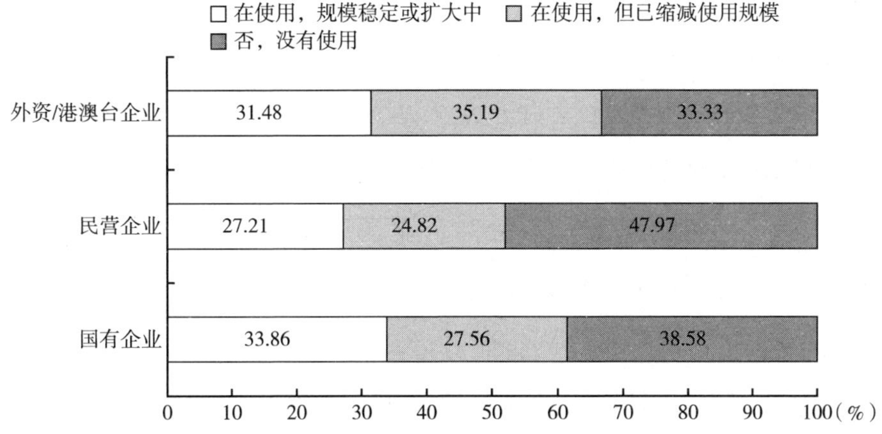

图 4－9　不同性质企业灵活用工使用情况

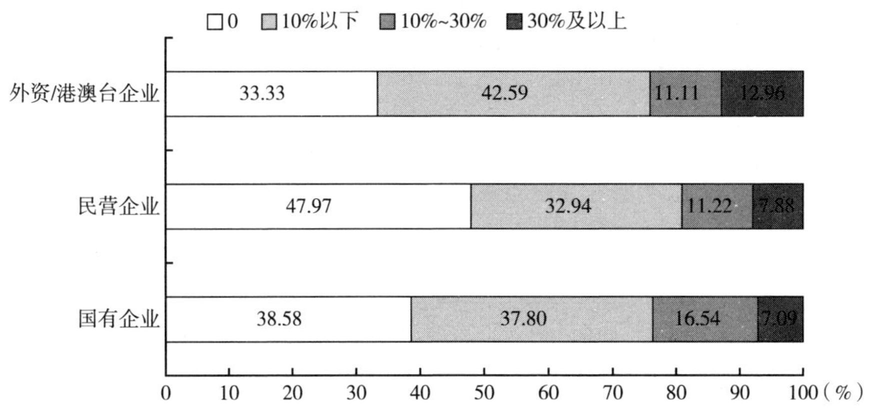

图 4－10　不同性质企业灵活用工占总体用工比例

（四）平台型企业更有可能使用灵活用工，且呈现扩大使用规模的趋势

从企业的平台属性看，使用灵活用工的平台型企业比例（63.00%）要明显高于非平台型企业（54.24%）；46.00% 的平台型企业正在“稳定或扩大使用规模”，比非平台型企业高出约 20 个百分点；与之形成鲜明对比的是，28.21% 的非平台型企业正在“缩减使用规模”，比平台型企业高出约 11 个百分点（见图 4－11）。从各类企业灵活用工占总体用工的比例看，平台型企业在“10% 以下”和“10% ~ 30%”的比例明显高于非平台型企业（见图 4－12）。前面我们谈到，部分平台型企业可能未将大量“众包”员工视为企业灵活用工员工，这很可能导致平台型企业低估其灵活用工占总体用工的比例。即便如此，我们仍然可以看出，平台型企业相比于非平台型企业更倾向于使用灵活用工，且明显更倾向于稳定或扩大使用灵活用工规模，这也反映出新经济业态对灵活用工的依赖程度相对更高。

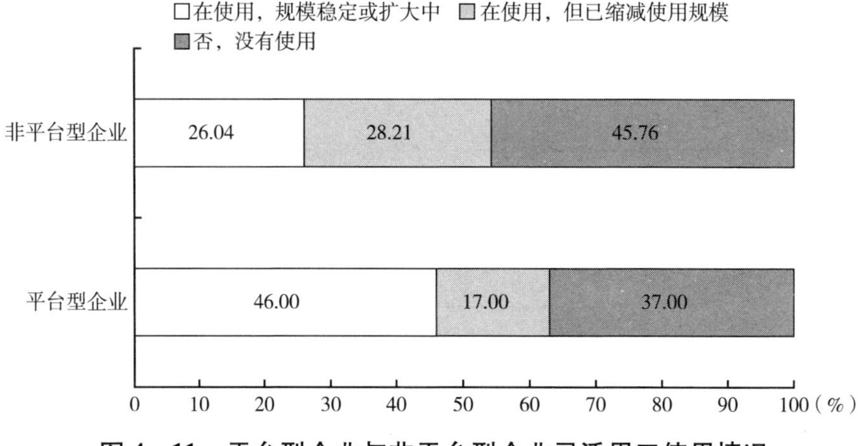

图 4－11　平台型企业与非平台型企业灵活用工使用情况

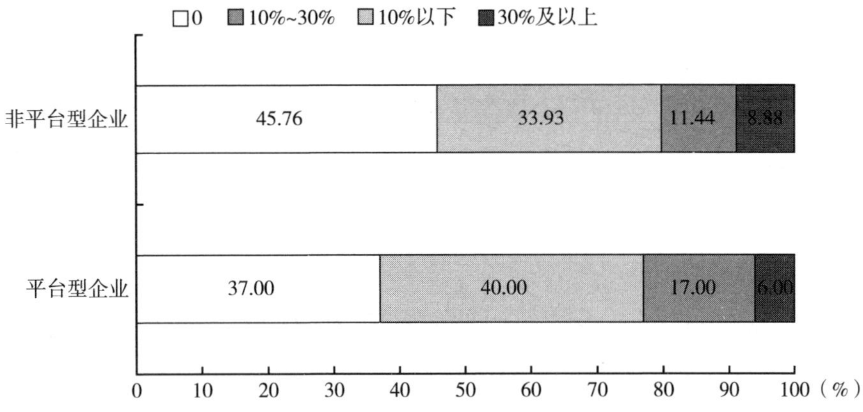

图4－12 平台型企业与非平台型企业灵活用工占总体用工比例

（五）成立年限长的企业相对更有可能使用灵活用工，成立年限短的企业相对更倾向于稳定或扩大灵活用工规模、大比例使用灵活用工

从企业成立年限看，成立20年及以上的企业，相比于成立0～5年和5～20年的企业，更有可能使用灵活用工。但如果从其使用规模增减情况来看，则会发现不一样的趋势：企业成立时间越长，越趋向于“缩减使用规模”；成立时间越短，越趋向于“稳定或扩大使用规模”（见图4－13）。从企业灵活用工占总体用工比例看，企业成立时间越长，在“10%以下”和“10%～30%”的比例越大；企业成立时间越短，在“30%及以上”的比例越大（见图4－14）。

（六）企业业务区域范围越广，越倾向于使用灵活用工，越趋向于扩大使用规模

从企业业务区域范围看，在港澳台及海外有业务的企业使用灵

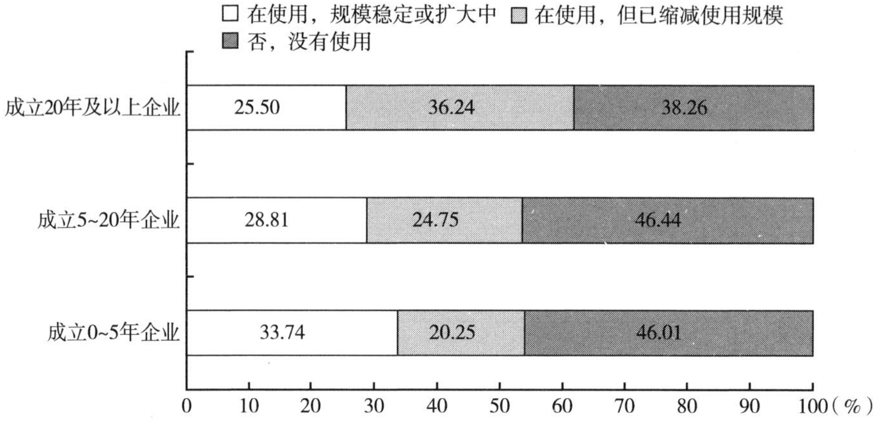

图4-13　不同成立年限企业灵活用工使用情况

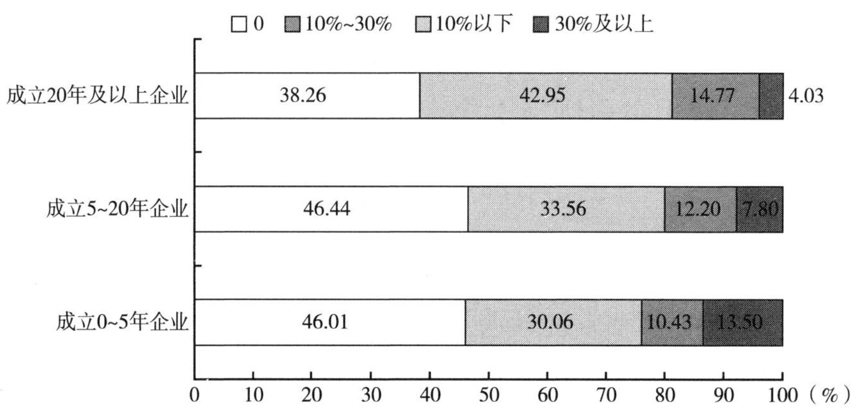

图4-14　不同成立年限企业灵活用工占总体用工比例

活用工的可能性最大，其次是在内地多省市有业务的企业，业务仅限于本市的企业使用灵活用工的可能性最小。业务区域范围越广的企业，越明显趋向于“稳定或扩大使用规模”，不过也在一定程度上趋向于“缩减使用规模”；在港澳台及海外或内地多省市有业务的企业，选择“稳定或扩大使用规模”的比例高于“缩减使用规模”的企业，业务仅限于本市的企业则相反（见图4-15）。有研究指出，那些在全国多省市布点的企业，不太可能在每个城市都注册分公司，也难以有效应对每个城市的招聘、考勤、工伤事故处理等方面的工作，因此更倾向使用供应商的专业化服务（冯喜良等，2018）。从各类企业灵活用工占总体用工的比例看，业务区域范围越广的企业，用工比例在“10%以下”和“10%～30%”可能性越大（见图4－16）。因此，业务区域范围大的企业，固然更倾向于使用灵活用工，但在灵活用工的使用程度上并未表现得更强。

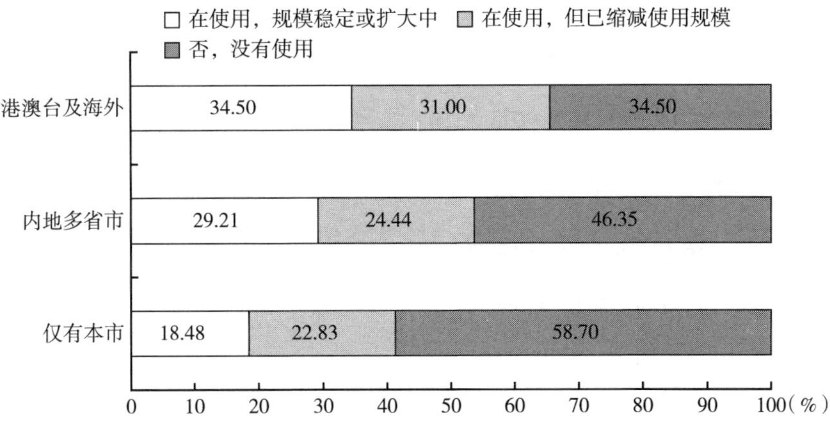

图4－15 不同业务区域范围的企业灵活用工使用情况

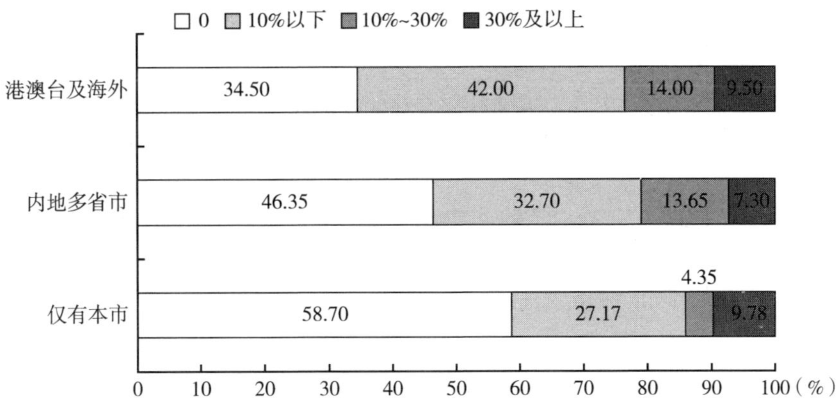

图4－16 不同业务区域范围的企业灵活用工占总体用工比例

（七）大型企业相对更倾向于使用灵活用工，更有可能扩大使用规模

从企业规模看，大型企业使用灵活用工的比例（65.15%）最高，最倾向于“稳定或扩大使用规模”（35.27%），其后依次是中型企业、小微企业。大型企业和中型企业相比于小微企业更倾向于“缩减使用规模”，且中型企业选择“缩减使用规模”的比例高于“稳定或扩大使用规模”，大型企业和小微企业则相反（见图4－17）。从各类企业灵活用工占总体用工比例看，企业规模越大，用工比例在“10%以下”和“10%～30%”的可能性越大（见图4－18）。总之，企业规模越大，越有可能使用灵活用工；大型企业最倾向于“稳定或扩大使用规模”，但规模大的企业在灵活用工的使用程度上并未表现得更强。

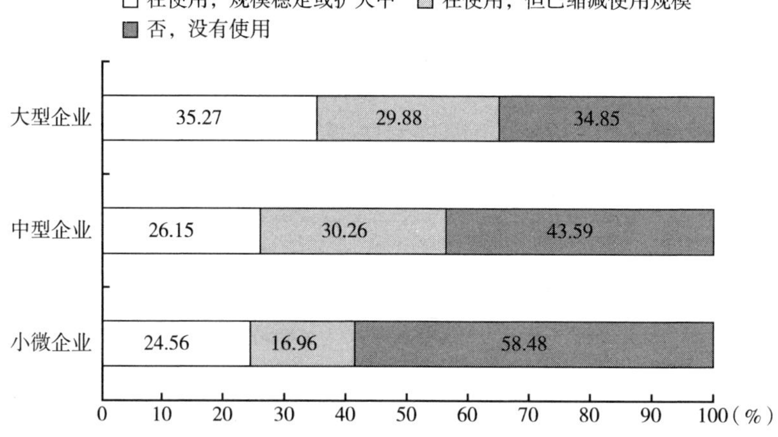

图4－17　不同规模的企业灵活用工使用情况

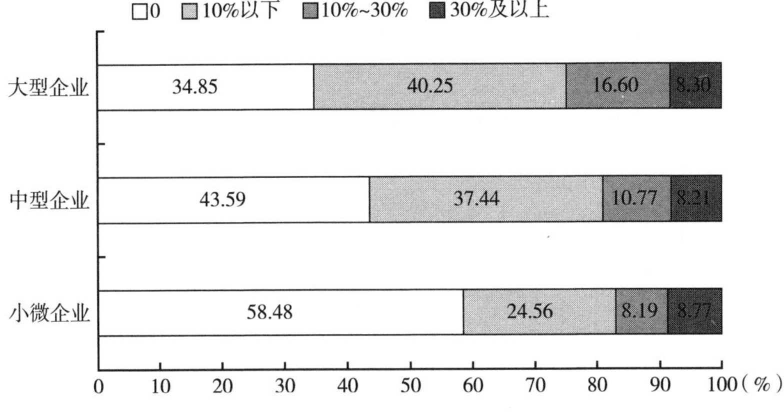

图 4－18 不同规模的企业灵活用工占总体用工比例

（八）在竞争中占据优势地位的企业，更有可能使用灵活用工，更倾向于扩大使用规模

从企业竞争地位看①，业绩比竞争对手更好的企业，使用灵活用工的倾向性最明显，其后依次是业绩和竞争对手相当的企业、业绩不如竞争对手的企业。业绩比竞争对手更好的企业相比于其他两类企业更倾向于"稳定或扩大使用规模"；业绩比竞争对手更好的企业、业绩不如竞争对手的企业选择"稳定或扩大使用规模"的比例均高于"缩减使用规模"，业绩和竞争对手相当的企业则相反（见图 4－19）。从各类企业灵活用工占总体用工的比例看，业绩比竞争对手更好的企业相比于其他类型的企业，并没有显示出较高的灵活用工占比（见图 4－20）。

① 企业竞争地位的参照对象是同行业规模、资源、成立年限相当的竞争对手。

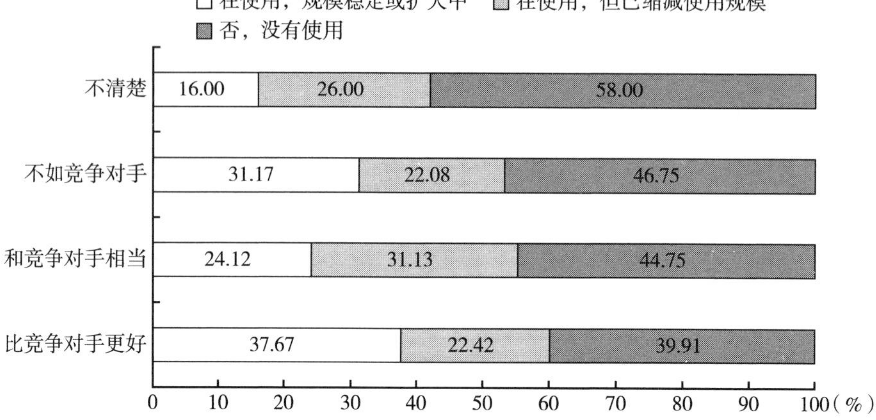

图 4－19　处于不同竞争地位的企业灵活用工使用情况

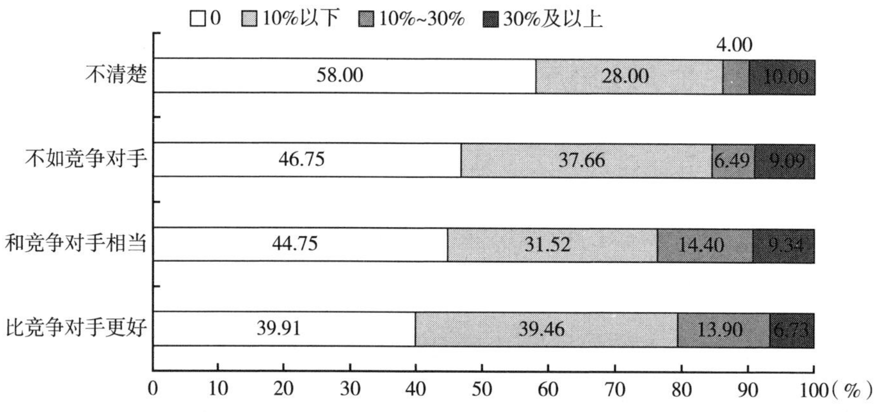

图 4－20　处于不同竞争地位的企业灵活用工占总体用工比例

（九）处于稳定发展期和扩张期的企业最有可能使用灵活用工，处于扩张期的企业最倾向于扩大使用规模

从发展阶段看，处于稳定发展期和扩张期的企业最倾向于使用灵活用工，其后依次是处于转型期、成长期、初创期的企业（见

图4-21）。进一步对不同发展阶段企业的灵活用工情况进行探讨发现，处于初创期的企业虽然有超过一半未使用灵活用工，但“稳定或扩大使用规模”的企业比例却达到31.71%，远远高于“缩减使用规模”的企业比例。从灵活用工占总体用工比例看，有15.85%处于初创期的企业灵活用工占比在“30%及以上”，这一比例远远高于处于其他发展阶段的企业（见图4-22）。这说明初创期企业内部对灵活用工处于两极分化的状态。部分初创期企业对灵活用工的依赖性比较强，因其在初创阶段组织架构不够完善，正式雇用技术、销售、人力、法务、财务等人员的成本相对较高，需要灵活运用外部劳动力市场的人才资源。另一部分初创期企业之所以不使用灵活用工，是因为企业在该阶段着重培育中坚力量，为未来的发展储备人才。企业担心灵活用工的状态有损这部分人的斗志和积极性。

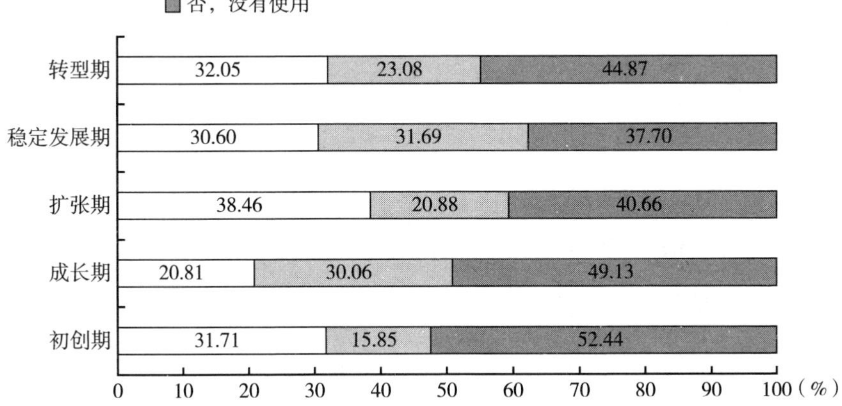

图4-21　不同发展阶段的企业灵活用工使用情况

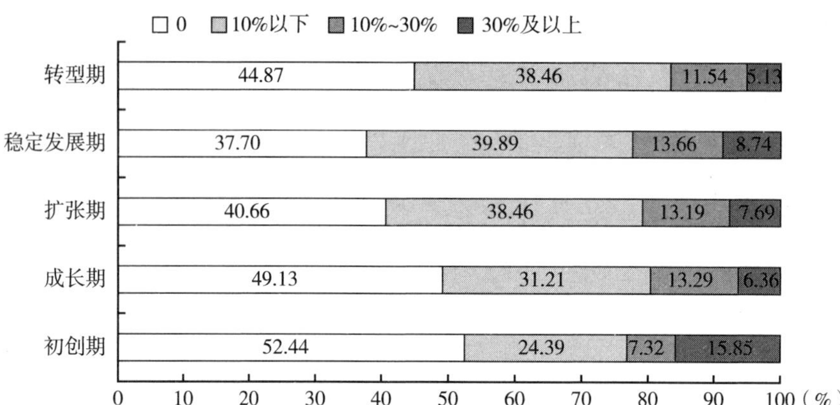

图4-22　不同发展阶段的企业灵活用工占总体用工比例

处于成长期的企业使用灵活用工的比例刚过一半，且更多处于“缩减使用规模”的状态，企业灵活用工占比多在“10%以下”和“10%～30%”。处于成长期的企业大多数选择不用灵活用工或缩减灵活用工使用规模，这主要是出于培育中坚力量、储备人才方面的考虑。

有接近60%的处于扩张期的企业正在使用灵活用工，“稳定或扩大使用规模”的企业比例（38.46%）相比于处于其他发展阶段的企业也是最高的，企业灵活用工占比集中在“10%以下”和“10%～30%”。处于扩张期的企业往往需要快速抓住商机，占领市场，如果只依靠自身的人力资源部门和常规招聘，难以应对业务迅速发展状况下的人力需求。因此，该阶段企业对于灵活用工的需求相对较强，更有可能借助市场上专业的人力资源服务力量快速组建队伍、培训员工、规范用工管理。

处于稳定发展期的企业对灵活用工的使用是最普遍的。处于该发展阶段的企业，因其组织管理、生产流程比较成熟，一旦基础性岗位数量规模化、标准化，企业就可能产生灵活用工方面的需求，通过人力资源外包或业务外包的方式将相关岗位包出去。另外，此类企业“缩减使用规模”（31.69%）和“稳定或扩大使用规模”（30.60%）这两种趋势是并行的，企业灵活用工占比集中在“10%以下”和“10%～30%”。

处于转型期的企业使用灵活用工的普及度处于平均状态，在业务转型和不确定性的压力下，这类企业更趋向于“稳定或扩大使用规模”，企业灵活用工占比也集中在“10%以下”和“10%～30%”。

简言之，处于稳定发展期和扩张期的企业使用灵活用工的普及度最高，处于扩张期的企业最趋向于扩大灵活用工的使用规模；处于成长期的企业更趋向于缩减灵活用工规模；处于稳定发展期的企业扩大与缩减灵活用工规模的趋势并行；处于初创期的企业在不使用灵活用工和高度依赖灵活用工之间摇摆。

总之，从不同维度的比较中，我们可以更具体地了解不同类型企业的用工特点。总部所在地在沿海发达地区的企业，相比于在非沿海发达地区的企业，更有可能使用灵活用工，更趋向于扩大使用规模，但企业对灵活用工的使用程度（灵活用工占企业总体用工的比例）并无明显区别。传统服务业无论是在灵活用工的普及程度上，还是在企业灵活用工占总体用工的比例上，均高于制造业和现代服务业；制造业缩减灵活用工使用规模的现象比较突出。不同行业在用工方面的差异，与其生产技术特点有较大关联。外资/港澳台企业和国有企业使用灵活用工的趋势明显强于民营企业；国有企业相对更倾向于“稳定或扩大使用规模”；外资/港澳台企业缩减使用规模与扩大使用规模的趋势并存，且大规模使用灵活用工的企业比例相对较高。

平台型企业相比于非平台型企业，更倾向于使用灵活用工，且明显更倾向于稳定或扩大使用灵活用工；但在灵活用工的使用程度上，作为新经济的代表，平台型企业并未比传统经济更强。这很有可能是由问卷调查的局限性导致的，如问卷调查没有涵盖阿里、滴滴、美团等平台型企业巨头，一些企业未将众包职工纳入其职工总体中等。

成立时间长的企业，更有可能采用灵活用工；成立时间短的企业，更倾向于扩大灵活用工使用规模，更有可能大规模使用灵活用工。企业业务区域范围越广，越有可能使用灵活用工，越趋向于“稳定或扩大使用规模”，但在灵活用工的使用程度上，业务区域范围广的企业并未表现得更强。企业规模越大，越有可能使用灵活用工；大型企业最倾向于“稳定或扩大使用规模”，但在灵活用工的使用程度上，规模大的企业并未表现得更强。在竞争中占据优势地位的企业，更有可能使用灵活用工，更倾向于稳定或扩大灵活用工使用规模，但其在灵活用工的使用程度上并未比其他企业更强。

企业在不同发展阶段对灵活用工的使用也表现出不同的特点。处于稳定发展期和扩张期的企业使用灵活用工的普及度最高，其后依次为处于转型期、成长期、初创期的企业；处于扩张期的企业最趋向于稳定或扩大灵活用工的使用规模；处于成长期的企业更趋向于缩减灵活用工规模；处于稳定发展期的企业扩大使用规模与缩减使用规模的趋势并存；处于初创期的企业在不使用灵活用工和高度依赖灵活用工之间摇摆。

三　企业使用灵活用工的主要动机

对于企业来说，使用灵活用工首先是出于降低用工成本的考虑。随着当前数字化技术的发展和新经济的崛起，企业的生产可能越来越倾向于由市场需求端直接发起，企业的业务往往变动较大，组织对劳动力资源的配置也越来越多地从以岗位为中心向以工作任务为中心转变，为响应业务快速变动，灵活用工是必然选择。

（一）降低成本是企业使用灵活用工的最主要动机

如图4－23所示，超过3/4的企业主要出于“降低用工成本”这一动机使用灵活用工。对于企业来说，“用工成本”包含薪资、福利、招聘、培训、管理、劳动争议、员工流失等多个方面的成本。降低成本涉及以下几方面的情况。①降低薪酬福利成本。部分国有企业和效益较好的企业，选择只对部分核心岗位或有编制的职工给予相对优厚的薪酬福利待遇，对其他职工则通过劳务派遣、人才外包等方式与第三方人力资源服务公司建立劳动关系，由第三方人力资源服务公司提供与市场行情、法律标准相符的待遇。②降低用工风险和由此带来的成本。比如，企业将用工过程中产生的工伤风险、裁员风险（劳动争议、经济补偿金问题）等交由人力资源服务公司处理。③降低人才获取和使用的成本。一些小企业和初创型企业全职配备人力资源、法务、财务、销售等岗位在经济上并不划算；一些互联网企业期望在面临可能的重大业务机遇时需要与特定领域的专家短期合作，部分岗位的业务量达不到全职雇佣的条件，从而寻求兼职、项目制合作等用工方式。这些都需要通过第三方人力资源服务公司和灵活用工来实现。④降低人力资源管理成本。企业通过与专业的人力资源服务公司合作，提升其招聘、培训、基础人事管理、员工关系管理、绩效管理、薪酬管理、用工风险管控方面的效率，解决选用育留方面的问题，提高职工队伍的稳定性，避免企业员工高度流失带来的招聘、培训成本和生产业绩不稳定问题，避免企业自身在相关方面人力、物力低效率的投入。⑤部分企业存在通过灵活用工规避法律法规政策风险的情况。应该说，通过提升人力资源专业化服务能力、用工供需匹配效率和劳动力使用效率实现降低成本的目标，才是国家提倡的方向，通过利用法律法规政策的漏洞来降低成本的方式是不可取的。

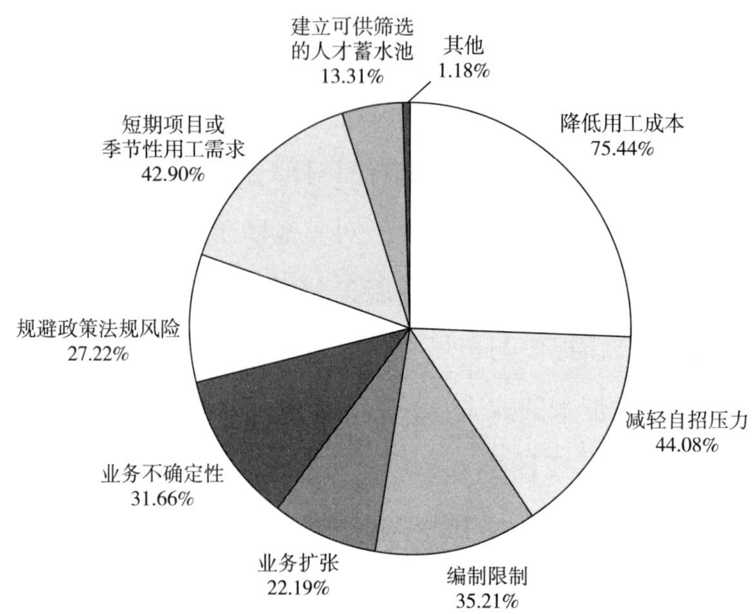

图 4－23　企业使用灵活用工的常见动机

（二）通过灵活用工响应企业业务变动

44.08%的企业为“减轻自招压力”而使用灵活用工。招聘始终是人力资源服务供应商最重要的职能模块。相比于企业人力资源服务部门的招聘，人力资源服务公司的招聘依托先进的数字化系统、富有经验的团队、多元的招聘渠道、精准的广告投放，全国性的网点、广泛的触角，其招聘效率更高、成本更低。

“减轻自招压力”的需求比较容易出现在业务快速扩张的企业。此类企业的用工量往往在短期内呈爆发式增长，企业自身难以完成快速、大批量招聘的任务，需要借助人力资源服务公司的招聘渠道和能力。部分快速扩张的新经济企业甚至缺乏完善的人力资源管理架构和标准化的制度流程，往往需要寻求人力资源服务公司专业团队和管理经验的支持。与之相对应的是，22.19%的企业因“业务扩张”而选择使用灵活用工。

其他需要借助第三方减轻自招压力的情况包括：①多城市布点的企业，难以在每个城市配备专门的招聘团队；②人员规模大的企业；③面临用工荒的企业，如在制造业和传统服务业中，蓝领工人比较短缺，且生产淡旺季较明显。

分别有42.90%、31.66%的企业因“短期项目或季节性用工需求”“业务不确定性”而选择使用灵活用工。比如，建筑业因为工程都是项目化的，所以普遍采用“分包制”；出口加工型制造业的订单波动较大，用工的季节性波动比较明显；传统线下商场往往在开业或重大节假日时需要较多人力；电商平台则在“双十一”“6·18”等购物节时需要大量交通运输、仓储物流、客服方面的人员。某跨境电商平台便因为在中、美、日等多国存在购物高峰，而选择将55%的客服岗位外包。

> 之前只有中国市场的时候，相对来讲中国的这种电商的节日，所带来的业务高峰期相对是比较固定的，比如“双十一”“双十二”这都是非常固定的，相对是比较常见的，后来又多了京东创造出来的“6·18”。但是在2017年以后，我们整个已经纳入A集团。就像刚才提到的，我们是立足于本国，但是在开始支持我们整个网络里面的这种客户了。在那个时候你所面临的业务高峰期就不仅仅是中国的业务高峰期了，你会遇到比如说日本的业务高峰期，你会遇到美国的业务高峰期，其实这样加起来在全年你就有很多的这种业务高峰期了。所以这个时候你对于这种灵活用工的需求就大大增强了。（访谈编号：LHYG17）

（三）其他动机

35.21%的企业因“编制限制”而选择使用灵活用工。这一动机在国有企业比较常见。27.22%的企业出于“规避政策法规风险”方面的考虑而选择使用灵活用工。如前所述，风险规避在很大程度上也是为了降低成本。有13.31%的企业期望通过使用灵活用工“建立可供筛选的人才蓄水池”。从访谈资料看，不少企业会选择将部分比较优秀的灵活用工员工转为自有员工或提拔为管理者，增加其人才储备，完善其人才梯度建设。当然，在企业用工实践中，这更多是一个附加的期待，而非主要动机。还有少数企业出于其他方面的考虑而选择使用灵活用工。比如，为在金融市场获得资本的青睐，企业将部分新入职员工、非核心岗位职工外包，以提高财务报表上的人效比。

四 企业使用灵活用工的影响因素

调查问卷也考察了企业不使用或减少使用灵活用工的原因，从统计结果可知，阻碍企业使用灵活用工的两大主要因素是员工生产质量不稳定与管理困难。

（一）员工生产质量不稳定

如图 4 - 24 所示，导致企业不使用或减少使用灵活用工的第一大因素为“生产质量不稳定”（37.53%），另一个与之关联性较高的回答是“人均工效较低”（22.38%）。由于企业用工理念方面的问题（认为灵活用工就是降低成本、外化风险等），部分灵活用工岗位在薪酬福利、发展前景、培训机会、劳动权益保护等方面还存在一定限制，这影响了灵活用工对人才的吸引力和相关人员的工作积极性，从而导致生产质量、人均工效方面的问题。同时，人力资源服务市场的规范性有待提高。人力资源服务供应商的质量参差不齐，导致员工的生产质量和人均工效不高。

能不能形成一个行业性质的标准？例如，外包服务的服务标准、评价标准。这些文件出来以后能让头部企业越跑越快，让中间的企业还有底下的企业见贤思齐和追赶，有利于我们国家的整个水平上去。现在的情况是，企业花了钱，本来是想是省钱省时省力的，但是事实上有些地方是没有用的，搞得比以前还累。（访谈编号：LHYG01）

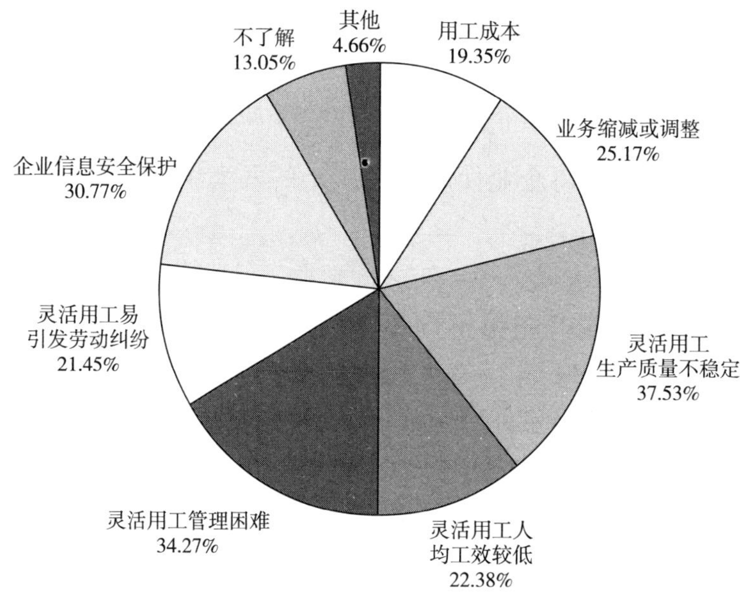

图4－24　企业不使用或减少使用灵活用工的原因

（二）管理困难

“管理困难”是企业不使用或减少使用灵活用工的重要原因（34.27%）。人力资源服务市场专业化服务供给不足、三方主体沟通反馈机制不健全、不同身份员工之间存在隔阂、灵活用工员工组织归属感较弱等因素，是灵活用工管理中需要克服的问题。另一个管理难题与企业信息安全有关。30.77%的企业谈到“企业信息安全保护”方面的顾虑。企业在边缘业务和非核心岗位的灵活用工中一般不会面临这方面的问题，但当涉及重要岗位、核心业务和客户信息时，可能会对信息安全问题考虑较多。一家专门承接医药企业患者管理业务的公司就谈到信息保护的问题。

> 其实最大一部分原因是医药企业的客户信息。因为你需要做患者服务，其实你最末端2C端的一些患者信息是要提供给我们的。他可能担心这里面的安全，或者说会担心未来我会不会撬了他的生意，或者说我跟我的竞品有合作这样的。当然这里面会签协议，但是对他来说他觉得很不放心，所以他还不如在他自己能承担成本的情况下，自己来建一个团队自己来做。（访谈编号：LHYG07）

（三）其他因素

25.17%的企业因“业务缩减或调整”而减少灵活用工的使用。21.45%的企业担心“灵活用工易引发劳动纠纷”。人力资源服务业的规范性相对较弱，因此存在部分人力资源服务供应商（尤其是一些小型的人力资源服务公司）在面临工伤、工亡、退工及其他劳资纠纷时与用工企业互相推诿的现象，也存在劳务中介克扣薪资、不缴或少缴社保、拖欠工资等方面的问题。有19.35%的企业因担心“用工成本”可能更高而对灵活用工持观望或怀疑态度。当然，“成本”在这里是一个外延相对较广的概念，可能与劳动纠纷风险、生产质量不稳定、人均工效低、管理协调困难等问题相关，也可能与企业缺工时人力资源服务供应商趁机抬价、企业裁员时供应商无法补偿或安置职工①等现象频繁发生有关。另外，还有 13.05% 的企业因“不了解”而选择不使用灵活用工。

五 小结：灵活用工市场的发展及其土壤

从问卷调查数据看，2020 年，我国有超过 55% 的企业在使用灵活用工，约 30% 的企业正在稳定或扩大灵活用工使用规模。结合以往调查数据和官方二手数据，课题组发现，企业使用灵活用工的比例有较大幅度的提高，人力资源服务业蓬勃发展，我国的灵活用工市场正呈现快速发展的趋势。

技术发展是当前推动我国灵活用工市场发展最重要的因素。如前所述，由互联网技术和算法管理驱动的平台经济，正在我国的电商、网约车、外卖、快递、家政、单车出行、网络直播、研发设计、创意写作等生活和生产领域逐步拓展，劳动供需两侧得以实现动态、及时、精准、高效的对接。数字化管理在人力资源服务、企业生产领域的应用也越来越广泛。在技术发展的驱动下，企业的生产正越来越多地由市场需求端直接发起，原来科层组织有计划的、稳定的生产方式逐渐被打破，组织对劳动力资源的配置也越来越多地从以岗位为中心向以工作任务为中心转变，用工方式从长期雇佣

① 尤其对于一些地处小城市或业务量相对较小的人力资源服务供应商来说，当企业大量裁员时，供应商可能既无财力补偿也无渠道安置职工。

向灵活用工转变。调查数据也表明，快速、及时地响应业务变动是企业使用灵活用工的重要动机。

我们也可以进一步探讨驱动不同企业使用灵活用工的独特土壤。从区域看，总部设在沿海发达地区的企业，相比于在非沿海发达地区的企业，明显更倾向于使用灵活用工。这是因为，沿海发达地区的产业集聚程度更高，社会分工更为精细，现代服务业较为发达，人力资源服务市场发育相对成熟，沿海发达地区的企业更容易从人力资源服务供应商那里获得规范、可靠的服务；加上这些地区的企业思维比较活跃，更愿意接受新型组织理念，尝试新型用工方式，因此更有可能使用灵活用工。

从行业看，传统服务业使用灵活用工的企业比例最高，其次为制造业，现代服务业最低。这主要与各行业的生产技术特点有关。传统服务业大部分工作的技术性、专业性较弱，且其生产内容比较容易分解为一次次任务，生产协作性较低，使用灵活用工的限制最少。制造业生产的协作性在一定程度上限制了其对灵活用工的使用，但其大部分一线生产岗位技能较为单一，且外向型生产企业普遍受订单波动的影响，因此使用灵活用工的比例也较高。相比之下，现代服务业大部分工作的技术性、专业性较强，灵活用工的适用性较其他行业要低一些。

从企业平台属性看，平台型企业使用灵活用工的可能性要明显大于非平台型企业，且更倾向于提高使用灵活用工比例。平台型企业依托互联网技术和算法管理，在生产供需灵活匹配方面，自然远强于非平台型企业。再加上平台型企业的发展与金融资本运作紧密相连，其业务往往呈现快速扩张、快速变动、快速占领市场的特点，需要尽快实现对市场诸要素（包括劳动力、专业人力资源管理）的组合或拆解，对灵活用工有较高需求。

处于不同发展阶段的企业对灵活用工的需求也不一样。从调查数据看，处于稳定发展期和扩张期的企业使用灵活用工的普及度最高，其次为处于转型期的企业，处于成长期和初创期的企业使用灵活用工的普及度最低。处于稳定发展期的企业，因其组织管理、生产流程比较成熟，一旦基础性岗位数量规模化、标准化，企业就可能产生灵活用工方面的需求，通过人力资源外包或业务外包的方式将相关岗位包出去。处于扩张期的企业往往需要快速抓住外部商机，占领市场，仅依靠企业自身的人力资源部门和常规招聘方式，可能难以应对业务迅速发展状况下的人力需求，因此，此类企业更有可能借助市场上专业的人力资源服务力量快速组建队伍、培训员工、规范用工管理。而处于初创期和成长期的企业之所以更倾向于选择不使用灵活用工，可能是出于培育中坚力量、储备人才方面的考虑。

当然，当前我国企业在使用灵活用工的过程中还面临员工生产质量不稳定、管理困难等方面的问题，需要从加强用工企业与第三方的协作、提升人力资源服务供应商的专业化服务能力、规范灵活用工、加强劳动者权益保护等方面入手，切实改善相关问题。

第五章
企业使用灵活用工的形式与岗位

在了解了我国企业当前使用灵活用工的总体状况后，我们有必要进一步探讨其具体实践形态。企业主要采取哪些类型的灵活用工？哪些岗位更有可能采取灵活用工的形式？企业最希望通过灵活用工获取哪些类型的人才？本章将报告我国企业当前使用灵活用工的形式、岗位和人才需求，并进一步呈现不同类型企业在上述三个方面的差异（包括企业所在地、行业、企业性质、是否为平台型企业、业务区域范围、规模六个相关性较强的变量）。

一　企业使用灵活用工的形式

我国企业使用灵活用工的形式主要包括劳务派遣、人力资源外包、业务外包、短期用工、依附性自雇、非全日制用工、众包等。本章在讨论企业各种形式的灵活用工前，有必要先对其概念进行界定。

劳务派遣是指由劳务派遣机构与派遣员工订立劳动合同，把劳动者派往其他用工单位的一种用工形式。劳务派遣机构与派遣员工建立劳动关系，用工单位与派遣员工形成工作关系。

人力资源外包，又称“人才外包”“岗位外包”，是指发包单位将部分业务委托给人力资源外包公司，人力资源外包公司根据业务流程、岗位职责招聘及培训人员，并由这些员工向发包单位提供服务、完成业务。相比于劳务派遣，人力资源外包公司在提供服务外包过程中与发包单位之间并不是简单的事务性工作的委托办理关系；人力资源外包公司招聘员工，以自己的名义与员工建立劳动关系，并作为雇主向员工发放薪酬、缴纳社保和公积金、管理员工关系、承担用工风险。

业务外包是指企业将一些非核心的、辅助性的功能或业务外包给外部的专业化机构，发包企业直接与承包方签订承揽合同；劳动者与承包方建立劳动关系或劳务关系，与发包企业不存在工作关系。承包方独立开展生产工作，承担所有管理职能，并向发包方交付业务结果；发包方无权干涉具体生产过程和人员安排。

短期用工是指劳动者向用工单位/平台提供劳务、以完成一定工作任务为目标的用工形式。二者签订劳务合同，建立劳务关系。兼职、实习、日结、零工等多属于短期用工；在平台经济中，平台与众包劳动者多签订劳务合同，但对于众包属于劳动关系还是劳务关系，劳动者属于雇员还是独立合同工，尚存争议（王琦、吴清军、杨伟国，2018）。

依附性自雇（问卷中使用“自雇合作”的说法），是指劳动者以个体工商户身份与用工单位/平台建立业务合作关系的用工形式。非全日制用工是指以小时计酬为主，劳动者在同一用人单位一般平均每日工作时间不超过4小时，每周工作时间累计不超过24小时的用工形式。

当前，短期用工、劳务派遣仍然是企业较为普遍使用的灵活用工形式，但以人力资源外包为代表的专业化程度相对较高的灵活用工形式也超过了1/3。非沿海发达地区企业、制造业、国有企业、非平台型企业更倾向于使用劳务派遣；沿海发达地区企业、第三产业更倾向于使用短期用工；沿海发达地区企业、传统服务业、外资/港澳台企业、平台型企业更倾向于使用人力资源外包；传统服务业、民营企业、平台型企业明显更倾向于使用众包；业务区域范围广、规模大的企业更倾向于与机构合作，使用劳务派遣、人才外包、业务外包，业务区域范围小、规模小的企业则更倾向于与个人合作，使用众包、自雇合作。

（一）短期用工、劳务派遣仍是主流，但依托专业化服务的灵活用工形式（如人才外包）是一种新的趋势

从企业卷调查数据看，有59.76%的灵活用工企业采用了“兼职/实习生/日结工”这三种用工形式中的一种或数种；使用“劳务派遣”的企业高达56.21%；使用“业务外包”的企业比例为43.29%（见图5－1）。随着专业人力资源服务的发展和企业对高质量用工服务的需求，超过1/3的企业使用了“人才外包”，使用“自雇合作”和“众包”的企业也都超过了10%。

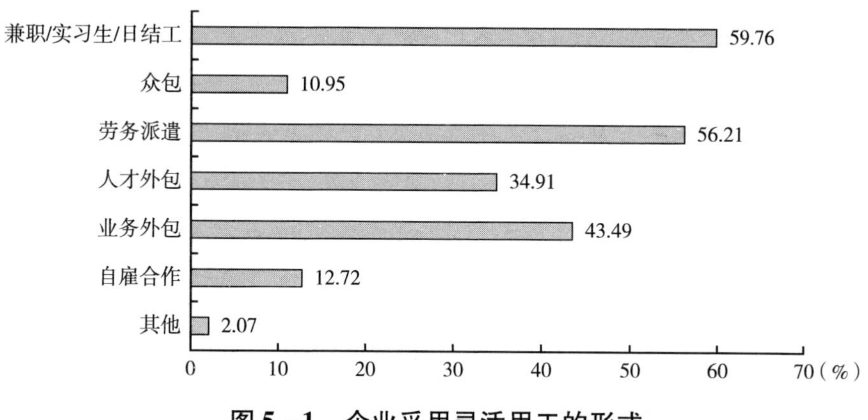

图5－1 企业采用灵活用工的形式

（二）沿海发达地区相对更多使用人力资源外包和短期用工，非沿海发达地区相对更偏向于使用劳务派遣和业务外包

从区域方面看，所在地为沿海发达地区的企业最常使用的灵活用工形式依次为“兼职/实习生/日结工”“劳务派遣”；非沿海发达地区的企业最常使用的灵活用工形式依次为“劳务派遣”“兼职/实习生/日结工”。沿海发达地区的企业使用“人才外包”“兼职/实习生/日结工”的比例比非沿海发达地区的企业更高，非沿海发达地区的企业使用“劳务派遣”和“业务外包”的现象则明显比沿海发达地区更为常见（见图5－2）。

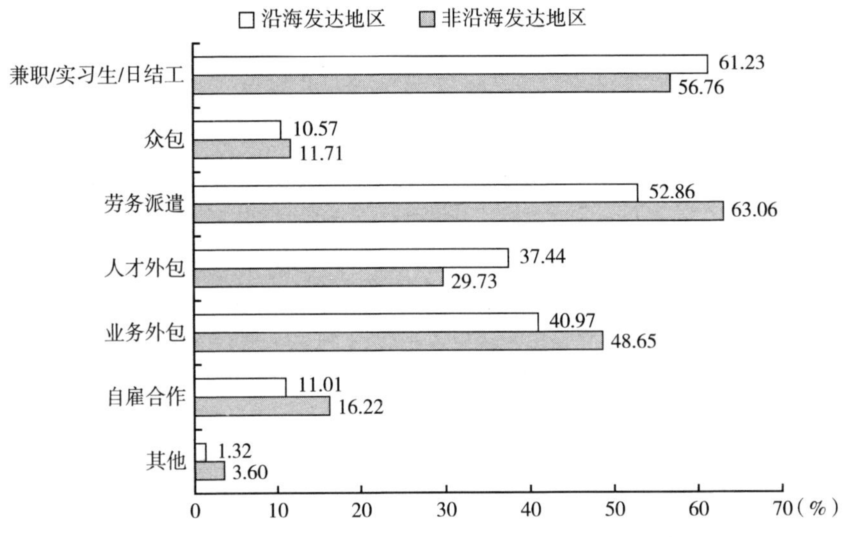

图5－2　不同区域企业采用灵活用工的形式

结合问卷调查数据和访谈资料，课题组发现，沿海发达地区的产业集群程度相对较高，人力资源服务专业化程度更高，人力

资源外包在企业中更为普遍；非沿海发达地区的企业则更多地诉诸劳务派遣等层次相对较低、专业服务含量较低的灵活用工形式。

根据人力资源服务业蓝皮书公布的数据，2013 年，我国东部地区集中了人力资源服务业接近一半的机构和产业人员、约 2/3 的营业收入（王克良，2014）。在调研和访谈过程中，无论是用工企业，还是人力资源服务公司和行业协会，都指出内地人力资源服务发展程度与沿海发达地区的差距。内地企业对专业化人力资源服务在企业发展过程中的重要作用缺乏认识，供应商的专业化程度相对较低，用工企业在采购服务的过程中更多地考虑人情关系和谋利机会而非考虑服务本身的质量。以下为北京某人力资源服务公司总裁对这一问题的观察。

东部的沿海城市相对市场化灵活一些，市场意识比较强；西部还是靠关系，比如说 X 城市我们也探讨过，基本上你进去没有关系很难。关系好的话（给）你切一块业务，（看）大家怎么分钱，而不是说你服务能力有多强，（只要）你能把钱分得好。（访谈编号：LHYG33）

（三）制造业相对更倾向于使用劳务派遣和业务外包，更少使用短期用工；传统服务业更倾向于使用众包和人才外包

从行业看，制造业使用灵活用工以“劳务派遣”（79.03%）和“业务外包”（51.61%）为主；传统服务业和现代服务业均以

“兼职/实习生/日结工”（分别为63.33%、65.52%）和“劳务派遣”（分别为60.00%、48.28%）为主（见图5－3）。

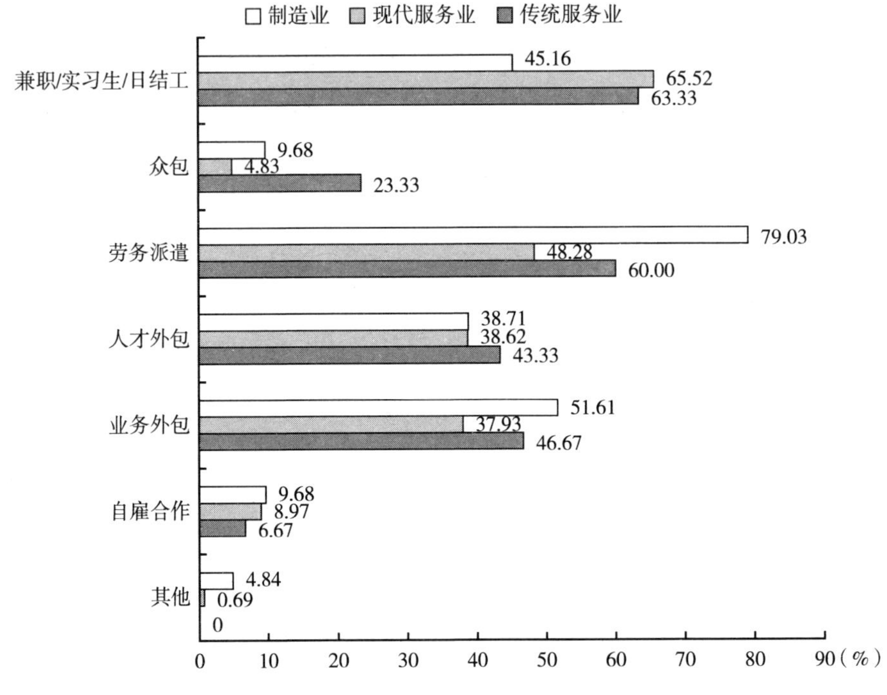

图5－3 不同行业企业采用灵活用工的形式

进一步对不同行业的用工形式进行对比发现，制造业采用“劳务派遣”和“业务外包”形式的比例明显比现代服务业和传统服务业高。我国制造业存在两个鲜明的特点：①用工荒问题严峻，年轻人普遍不愿意从事一线生产制造工作；②生产订单不稳定，用工的波动性较大，这在外向型出口加工业中表现尤为明显。为了应对用工荒和生产任务高度波动的特点，制造类企业普遍采取两种应对方式：①以劳务派遣的形式，借助人力资源服务公司、“黄牛”、劳务中介机构、工头等层级化、网络化的招工链条，主要从偏远地区、贫困地区、职校获取劳动力资源；②通过将生产订单不断外包给城市中的小企业、家庭作坊以及乡村中的闲散劳动力，缓解订单高峰期的生产压力（刘东旭，2016；付伟，2018；刘子曦、朱江华峰，2019；任焰、胡慧，2019）。

另外，国有制造类企业也通过劳务派遣减轻用工成本、突破编制限制。在传统服务业和现代服务业中，短期用工（“兼职/实习生/日结工”）远比制造业普遍。比如，每到购物节和传统节庆日，仓储物流行业就需要临时招募大量的快递、分拣、打包人员；医疗行业中存在大量到医院、诊所兼职坐诊的医生；在保险行业，大量已婚中年女性以保险代理人的身份推广、销售保险产品。

最后，传统服务业企业使用“众包”的比例（23.33%）要远高于其他行业，使用“人才外包”的比例（43.33%）也相对更高一些。如前所述，传统服务业岗位的技术性、专业性和协作性相对较低，生产内容比较容易分解为单次任务，因此使用“众包”、“人才外包”和“兼职/实习生/日结工”的比例相对较高。

（四）国有企业相对更倾向于使用劳务派遣和业务外包，民营企业更倾向于使用众包，外资/港澳台企业更倾向于使用人才外包

从企业性质看，国有企业使用“劳务派遣”的比例超过了3/4，其后依次为“兼职/实习生/日结工”和“业务外包”，均超过了50%；民营企业使用“兼职/实习生/日结工”的比例较高，为61.47%，其次是“劳务派遣”；外资/港澳台企业的灵活用工则以“劳务派遣”和“兼职/实习生/日结工”为主（均为58.33%）（见图5-4）。

进一步比较不同性质企业间的差异可知，国有企业采用“劳务

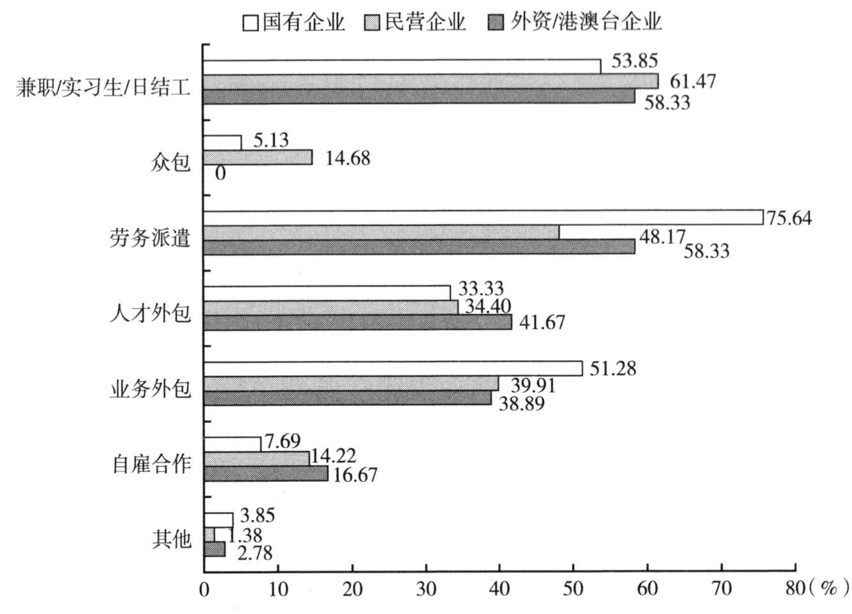

图 5－4　不同性质企业采用灵活用工的形式

派遣”和“业务外包”这两种灵活用工形式的比例明显高于民营企业和外资/港澳台企业，民营企业使用“众包”的比例（14.68%）明显高于其他性质的企业，外资/港澳台企业使用众包的比例为“0”。当前我国的新经济形态和“众包”用工主要存在于民营企业中。民营企业使用“兼职/实习生/日结工”的比例相对较高。外资/港澳台企业使用“人才外包”的比例（41.67%）相对较高。专业人力资源外包在以美国为代表的西方发达国家相对比较成熟（冯喜良等，2018），外资企业也更能理解、接受“人才外包”这种用工形式。

（五）平台型企业相对更多使用人力资源外包和众包，非平台型企业相对更倾向于使用劳务派遣

从企业的平台属性看，超过 60% 的平台型企业采用“兼职/实

习生/日结工”中的一种或数种用工形式，使用“人才外包”和“劳务派遣”的比例均超过或接近50%；非平台型企业采用“兼职/实习生/日结工”和“劳务派遣”的比例（分别为59.64%、57.82%）比其他用工形式高（见图5-5）。

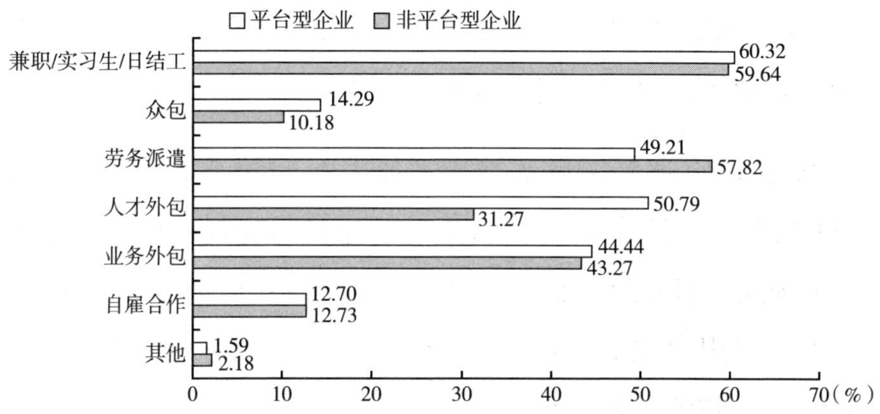

图5-5 平台型企业与非平台型企业采用灵活用工的形式

平台型企业“人才外包”的比例比非平台型企业高出约20个百分点。平台型企业之所以更倾向于使用人力资源外包，是因为：①平台型企业的业务变动较大，当处于业务快速扩张、抢占市场的阶段，需要在人力资源服务机构的帮助下迅速组建管理团队、理顺管理流程、搭建制度框架、批量招聘人员；②平台型企业在海量的供需对接业务和互联网信息背后，存在大量后台服务业务，如服务于供需双方的客服对文字、图片、视频等进行审核、数据标准，一旦在此类业务上规模化、标准化，平台型企业就会对人力资源外包产生较强需求。

平台型企业使用“众包”的比例只比非平台型企业高出4个

百分点，如前所述，可能存在部分企业未将“众包”职工纳入本企业职工范围的情况。否则，平台型企业使用“众包”的比例应该要比非平台型企业高出 14. 29 个百分点。非平台型企业采用“劳务派遣”的比例比平台型企业高 8. 61 个百分点。

（六）业务范围广的企业相对更倾向于与机构合作，业务范围小的企业则相对更倾向于与个人合作

从企业的业务区域范围看，业务仅限于本市的企业，有 60. 53% 采用“兼职/实习生/日结工”中的一种或数种用工形式，采用其他用工形式的企业比例均在 40% 以下；内地多省市有业务的企业，使用“兼职/实习生/日结工”和“劳务派遣”的比例（分别为 59. 17% 、49. 11% ）相对较高；在港澳台及海外有业务的企业，使用“劳务派遣”和“兼职/实习生/日结工”的比例分别为 70. 23% 和 60. 31% （见图 5 －6）。

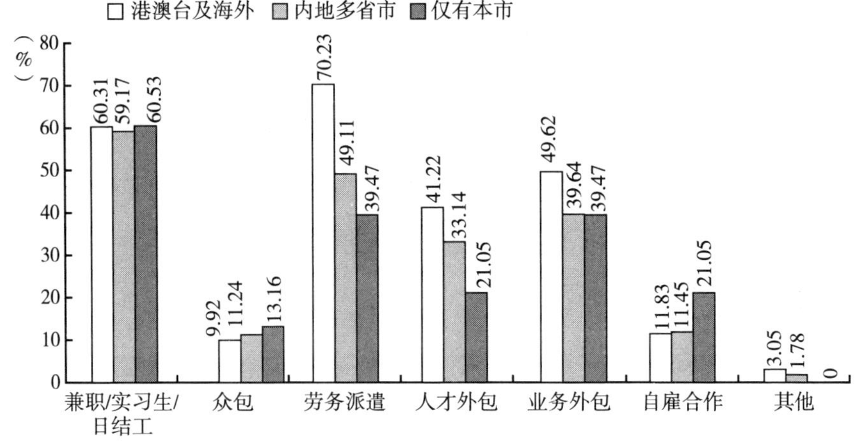

图 5 －6　不同业务区域范围企业采用灵活用工的形式

企业的业务区域范围越广，采用“劳务派遣”和“人才外包”的可能性越大；在港澳台及海外有业务的企业，使用“业务外包”的比例（49.62%）比其他两类企业均高约10个百分点；业务仅限于本市的企业，使用“自雇合作”的比例（21.05%）比其他两类企业高近10个百分点，使用“众包”的比例也略高一点。这说明业务区域范围广的企业更倾向于通过与组织机构合作（如人力资源服务供应商）使用灵活用工，而业务区域范围较小的企业更有可能与个人合作。

（七）大型企业相对更倾向于与机构合作，小微企业相对更倾向于与个人合作

从企业规模看，小微企业和中型企业使用“兼职/实习生/日结工”的比例均接近60%，是其灵活用工形式中比例最高的选项；中型企业使用“劳务派遣”的比例接近55%；大型企业使用“劳务派遣”的比例为70.06%，超过50%的大型企业使用了“业务外包”（见图5－7）。

企业规模越大，越倾向于使用“劳务派遣”、“人才外包”和“业务外包”三种用工形式。小微企业和中型企业采用“自雇合作”的比例明显高于大型企业。小微企业使用“众包”的比例明显高于大型企业和中型企业。这说明规模越大的企业越倾向于通过与组织机构合作（如人力资源服务供应商、分包商）使用灵活用工，而规模较小的企业更有可能与个人合作。

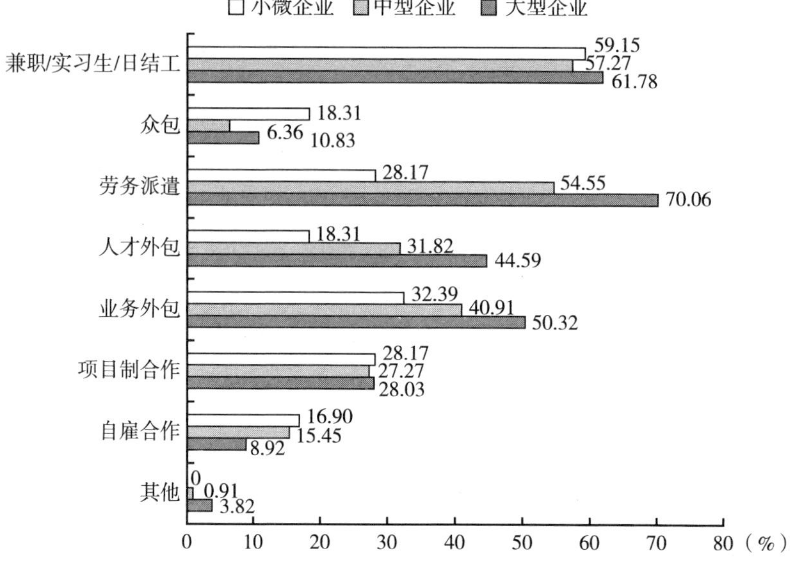

图 5－7　不同规模企业采用灵活用工的形式

二　企业使用灵活用工的岗位

企业使用灵活用工的岗位多集中在一般性技能、低协助和基础性岗位，但也有向专业性、技术性岗位扩展的趋势。沿海发达地区企业、现代服务业与制造业、非平台型企业、业务区域范围广的企业、大型企业和小微企业，更有可能在专业性、技术性岗位使用灵活用工；非沿海发达地区企业、制造业和传统服务业、国有企业、业务区域范围小的企业、中型企业更有可能在基础性岗位上使用灵活用工。沿海发达地区企业、平台型企业相对更倾向于在客服、审核、销售、运营类岗位上使用灵活用工。

（一）当前企业灵活用工的岗位主要集中在一般性技能、低协作和基础性岗位，但也有27.51%的企业在技术性、专业性岗位使用灵活用工

从企业卷数据看，“普通工人”① 是企业最倾向于使用灵活用工的岗位大类（47.34%），其次是“客服/呼叫中心/信息审核”（38.76%）；有超1/4的企业在“销售/运营”岗位上使用灵活用工，其后依次为“IT人员”、“行政岗/人力资源岗/财务岗/法务岗”、“普通技术工人”② 和“其他专业技术人员”（使用灵活用工的比例分别为21.30%、16.57%、14.50%和13.61%）；企业在“管理岗”使用灵活用工的比例最小，不到5%（见图5－8）。如果将“IT人员”、“普通技术工人”、“其他专业技术人员”、“行政岗/人力资源岗/财务岗/法务岗”和“管理岗”定义为专业性、技术性岗位，那么在专业性、技术性岗位上使用灵活用工的企业比例为27.51%。所有岗位的岗前平均培训时间为10.83小时。总体而言，企业使用灵活用工的岗位多为技能单一、培训时间短、协作性不强的基础性岗位，但一些技术性、专业性的岗位也逐步进入灵活用工的范畴。比如，T企业涉及文旅、金融、医疗、零售等业务板块，集团的保险代理、医院后勤人员、店员、外卖送餐员等都采取了灵活用工的方式。疫情期间业务的波动促使其考虑在更多的岗位上使用灵活用工，比如，设计、人力资源、财务等。

---

① “普通工人”包括一线生产工、建筑工、服务员、快递外卖员、环卫工、保安、保洁等。

② “普通技术工人”包括机器操作维护人员及建筑、运输等行业的熟练蓝领工种。

我们也去过重庆的“猪八戒”去考察学习，比如，我们原来有10个设计师，现在我们留下了4个设计师，他们就升级为管理人员了，剩下6个设计师离开了，那我们原来这些职能和工作任务还在的，我就通过发包的形式发到“猪八戒”平台上去，这样的话设计师就不是我们原来的设计师了，是全国全球的几千万个设计师，而且响应速度快，成本还更低。比如，我这次一个园林项目发出去，十万块，可能当天就交稿了，然后哪天我协调，马上就修正了。但是我自己养了十个设计师，可能一个月还整不出来，还要负担各种成本。（访谈编号：LHYG01）

我们可以向内看，像我们财务、档案、人力资源都可以外包出去，或者用灵活用工的方式来做。这样对于企业来说可以说降低了成本，降低了风险，还提高了效率。对政府来说，也提高了就业。然后对于个人来讲，他有职业，也有收入。（访谈编号：LHYG01）

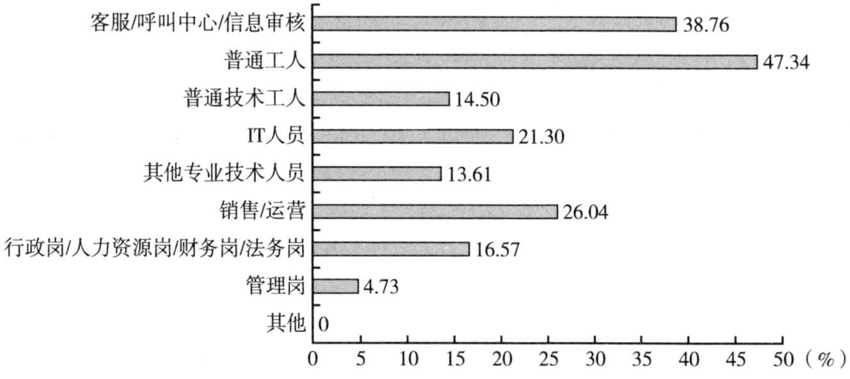

图5-8　企业使用灵活用工的岗位情况

（二）沿海发达地区的企业相对更倾向于在专业性、技术性岗位上使用灵活用工，而非沿海发达地区的企业更倾向于在普通工人岗位使用灵活用工

从企业所在地看，相比于其他岗位大类，沿海发达地区的企业在“客服/呼叫中心/信息审核”和“普通工人”这两个岗位大类使用灵活用工的比例最高（分别为 45.81%、40.53%）；非沿海发达地区有 61.26% 的企业在“普通工人”岗位上使用了灵活用工，其他岗位大类采用灵活用工的企业比例均在 26% 以下（见图 5－9）。

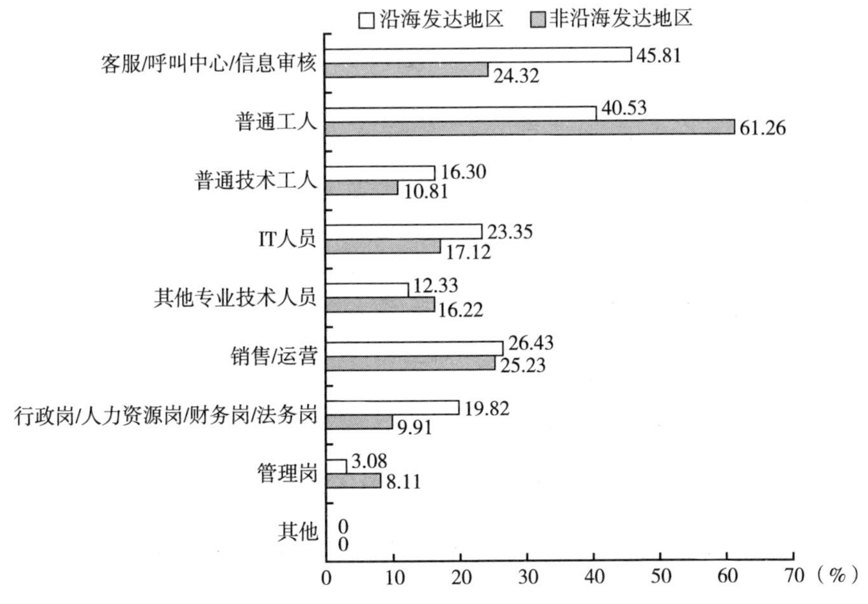

图 5－9　不同区域企业使用灵活用工的岗位情况

沿海发达地区的企业在“客服/呼叫中心/信息审核”岗位使用灵活用工的比例，比非沿海发达地区的企业高出约 21.5 个百分点，“行政岗/人力资源岗/财务岗/法务岗”“IT 人员”“普通技术

工人”使用灵活用工企业的比例均明显高于非沿海发达地区。非沿海发达地区则在“普通工人”这个岗位大类上比沿海发达地区高出逾20个百分点。由此可见，非沿海发达地区的企业对灵活用工的使用相对集中在一线普通工人岗位，而沿海发达地区的企业则相对更倾向于在专业性、技术性岗位上采用灵活用工的形式。沿海发达地区的社会分工程度更高，专业人力资源服务市场发育更好，企业更习惯于通过劳动力市场灵活配置各类专业人才资源。

（三）制造业、传统服务业相对更倾向于在一线生产岗位上使用灵活用工，现代服务业、制造业更有可能在技术性岗位上使用灵活用工

从行业方面看，制造业在“普通工人”这个岗位大类上使用灵活用工的比例接近80%，明显高于其他岗位大类；现代服务业在“客服/呼叫中心/信息审核”推行灵活用工的比例（53.79%）明显高于其他岗位大类；传统服务业比较倾向于在“普通工人”和“客服/呼叫中心/信息审核”两个岗位大类上使用灵活用工（比例分别为51.67%和46.67%）（见图5－10）。

进一步对不同行业使用灵活用工岗位的情况进行对比发现，制造业在“普通工人”和“普通技术工人”两个岗位大类上使用灵活用工的倾向性最强；现代服务业、传统服务业在“客服/呼叫中心/信息审核”使用灵活用工的比例远高于制造业，“销售/运营”的比例也比制造业高；现代服务业在“IT人员”的岗位大类上使用灵活用工的企业比例明显比其他行业高，“行政岗/人力资源岗/财务岗/法务岗”的比例也比其他行业高。

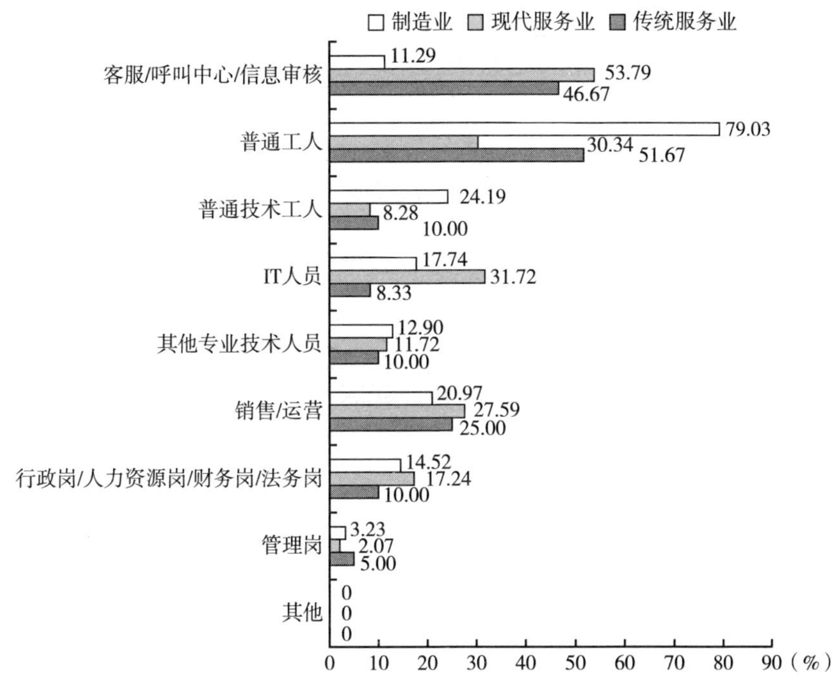

图 5-10　不同行业企业使用灵活用工的岗位情况

（四）国有企业相对更倾向于在基础性和技术性岗位上使用灵活用工，民营企业更倾向于在销售、运营类岗位使用灵活用工，外资/港澳台企业更倾向于在客服、审核、行政、人力、财务、法务等岗位使用灵活用工

从企业性质方面看，相比于其他岗位大类，国有企业和民营企业在“普通工人”岗位大类上使用灵活用工的比例最高（分别为53.85%和45.87%），外资/港澳台企业在“客服/呼叫中心/信息审核”使用灵活用工的比例最高（52.78%）（见图5-11）。

相比于其他性质的企业，国有企业在“普通工人”、“普通技

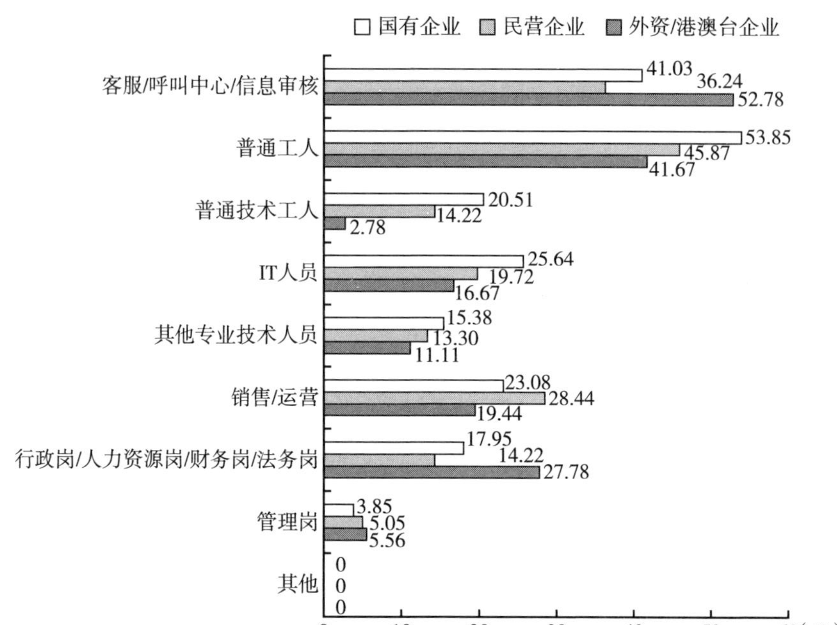

图 5 –11　不同性质企业使用灵活用工的岗位情况

术工人”和“其他专业技术人员”这些岗位大类上，更倾向于使用灵活用工；民营企业相对于其他两类企业在“销售/运营”上更有可能使用灵活用工；外资/港澳台企业在“客服/呼叫中心/信息审核”和“行政岗/人力资源岗/财务岗/法务岗”这些岗位大类上相对更倾向于使用灵活用工。

（五）平台型企业相对更倾向于在客服、审核、销售、运营类岗位上使用灵活用工，非平台型企业更倾向于在技术性岗位上使用灵活用工

从企业平台属性看，相比于其他岗位大类，“客服/呼叫中心/信息审核”在平台型企业中使用灵活用工的可能性最大（比例为

65.08%），“普通工人”在非平台型企业中使用灵活用工的可能性最大（比例为49.09%）（见图5－12）。

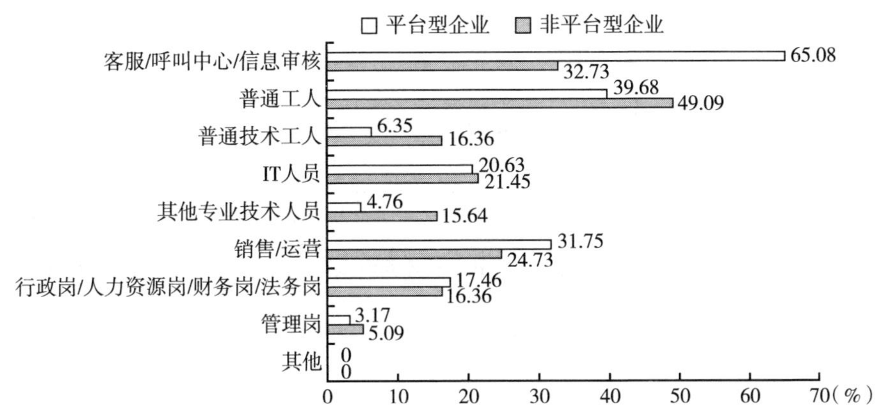

图5－12 平台型企业与非平台型企业使用灵活用工的岗位情况

进一步对平台型企业与非平台型企业使用灵活用工的岗位情况进行对比发现，平台型企业在“客服/呼叫中心/信息审核”岗位上使用灵活用工的比例比非平台型企业高32.35个百分点，在“销售/运营”岗位上使用灵活用工的比例也比非平台型企业高7.02个百分点。非平台型企业在“普通工人”①、“普通技术工人”和“其他专业技术人员”这些岗位大类上使用灵活用工的比例均比平台型企业高约10个百分点。无论是以线上社交、直播、商品交易、医疗问诊等作为服务产品，还是以线下快车、送餐、快递、家政、单车出行等作为服务产品，平台型企业都涉及大量客服、审核、运

① 如前所述，部分平台型企业未将众包员工视为自己的灵活用工员工，而众包员工大多为普通工人，因此，在普通工人岗位上使用灵活用工的平台型企业比例未必会低于非平台型企业。

营方面的岗位。这些岗位一旦上规模、标准化，平台型企业就会有人力资源外包、业务外包等方面的用工需求。同时，平台型企业在迅速占领市场时期往往还需要阶段性地使用大量销售、地推人员。因此，平台型企业在客服、审核、销售、运营等岗位使用灵活用工的比例要明显高于非平台型企业。

（六）企业业务区域范围越广，越倾向于在专业性、技术性岗位上使用灵活用工；企业业务区域范围小的企业则更倾向于在一线生产岗位上使用灵活用工

从业务区域范围看，企业的业务区域范围无论是否覆盖多地，相比于其他岗位大类，"普通工人"都是各类企业使用范围最为广泛的岗位，其次是"客服/呼叫中心/信息审核"（见图5－13）。

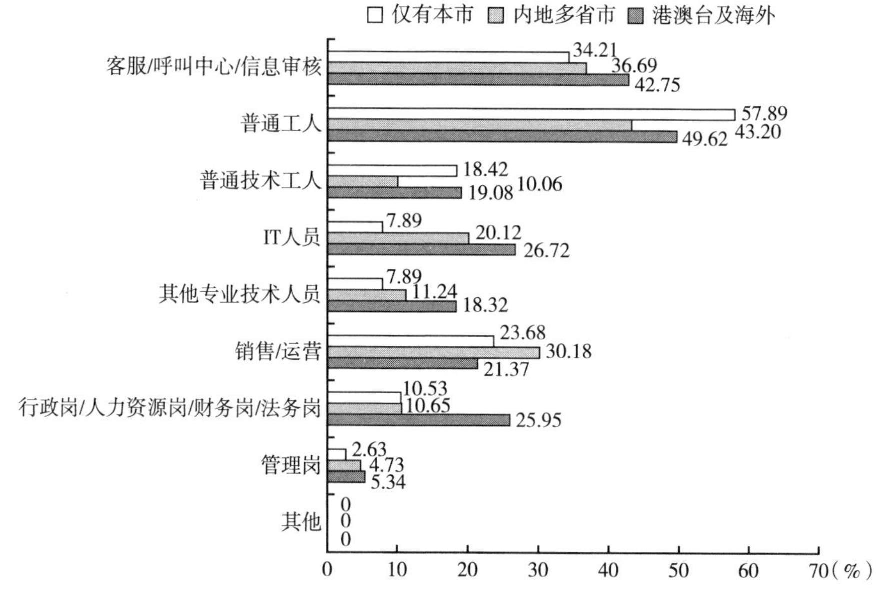

图5－13　不同业务区域范围企业使用灵活用工的岗位情况

业务仅限于本市的企业，在“普通工人”岗位上使用灵活用工的可能性明显大于在内地多省市、港澳台及海外有业务的企业。内地多省市有业务的企业，在“销售/运营”岗位上使用灵活用工的可能性明显比其他两类企业更大。港澳台及海外有业务的企业，在“客服/呼叫中心/信息审核”、“IT 人员”、“其他专业技术人员”和“行政岗/人力资源岗/财务岗/法务岗”岗位上使用灵活用工的可能性明显比只在国内有业务的两类企业更大。

（七）大型企业和小微企业相对更有可能在专业性、技术性岗位上使用灵活用工，而中型企业更倾向于在基础性岗位上使用灵活用工

从企业规模看，在小微企业中，“销售/运营”和“普通工人”更可能成为灵活用工的岗位（所占比例分别为 35.21% 和 30.99%）；在中型企业中，“普通工人”最有可能成为灵活用工的岗位（56.36%），其次为“客服/呼叫中心/信息审核”（31.82%）；在大型企业中，在“客服/呼叫中心/信息审核”和“普通工人”这两个岗位大类上使用灵活用工的比例都接近 50%，远比其他岗位大类高（见图 5－14）。

对不同规模企业之间的差异进行比较发现，小微企业相比于大、中型企业，在“销售/运营”、“其他专业技术人员”和“管理岗”这些岗位大类上更有可能使用灵活用工；中型企业在“普通工人”岗位上更倾向于使用灵活用工；大型企业在“客服/呼叫中心/信息审核”、“IT 人员”和“行政岗/人力资源岗/财务岗/法务岗”上使用灵活用工的可能性明显比中型企业和小微企业大。

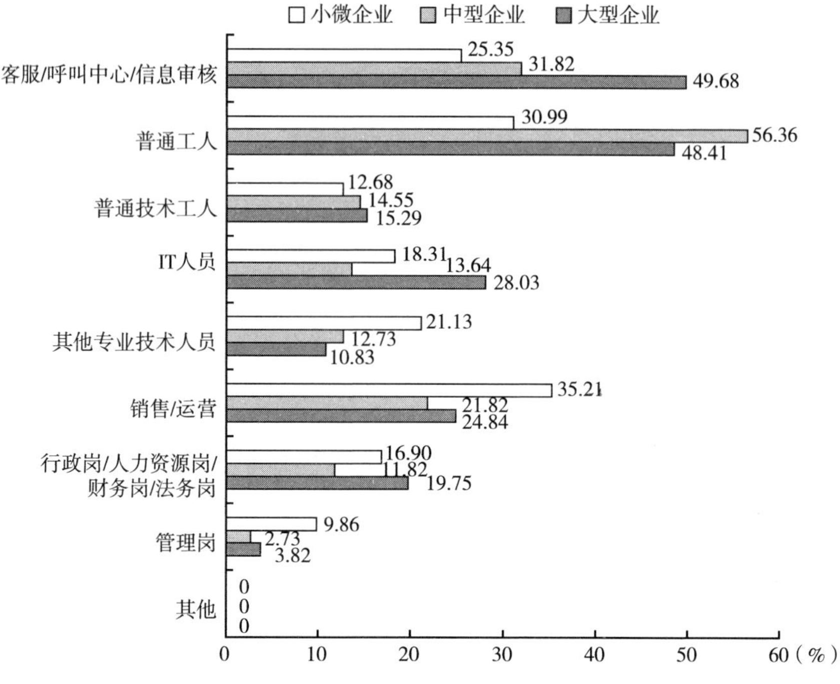

图 5－14　不同规模企业使用灵活用工的岗位情况

三　企业使用灵活用工的人才需求

从企业卷数据看，期望通过灵活用工获取基础性人才的企业仍是多数，但也有65.24%的企业期望通过灵活用工获取专业性、技术性或高层次人才（其中的一类或数类）。非沿海发达地区的企业、民营企业和国有企业、非平台型企业、小微企业对专业技术人才、高层次人才有更高的灵活用工需求；制造业和现代服务业对专业技术人才的灵活用工需求较高；制造业和传统服务业、外资/港澳台企业、平台型企业、在港澳台及海外有业务的企业、大型企业更期望通过灵活用工获取基础性人才。

（一）除基础性人才外，有近2/3的企业期望通过灵活用工获取专业性、技术性或高层次人才

从企业卷数据看，“普通员工”仍然是多数企业（56.84%）希望通过灵活用工获取的人才类型，希望通过灵活用工获取“专业技术人员”和“技术工人”的企业均超过了1/4（见图5-15）。值得注意的是，有16.47%的企业希望通过灵活用工获取“专家或中高级管理人员”，希望以灵活用工形式获取“行政办事人员”和“基层管理人员”的企业比例也都超过了10%。总的来看，对专业技术人员”、“技术工人”、“专家或中高级管理人员”、“行政办事人员”和“基层管理人员”其中一类或数类人才有需求的企业为65.24%。总之，虽然期望通过灵活用工获取基础性人才的企业仍是多数，但在专业性、技术性人才和高层次人才方面，灵活用工市场也存在较大空间，值得人力资源服务公司进一步挖掘。

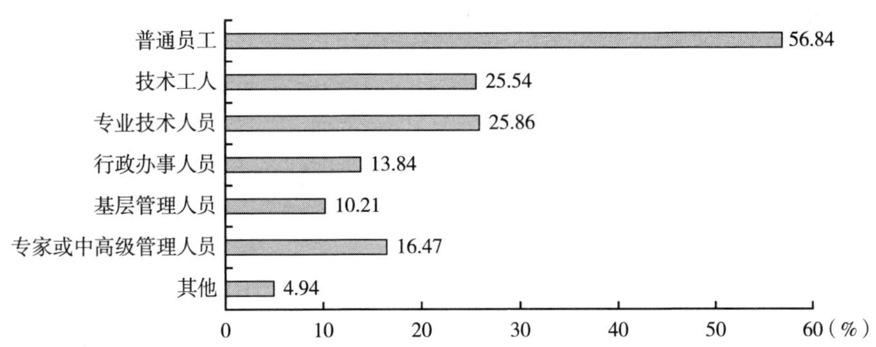

图5-15　企业未来最希望获取的灵活用工人才类型

（二）非沿海发达地区的企业对技术性、高层次人才需求相对较高

从企业所在地看，沿海发达地区的企业对“行政办事人员”的灵活用工需求相对较高，非沿海发达地区的企业对“专家或中高级管理人员”、“专业技术人员”和“技术工人”的需求相对较高（见图5-16）。如前所述，非沿海发达地区的人力资源服务发育程度相对较低，灵活用工岗位供给多限于低层次人才，专业技术人才和高层次人才供给较少，因此需求也相对较高。

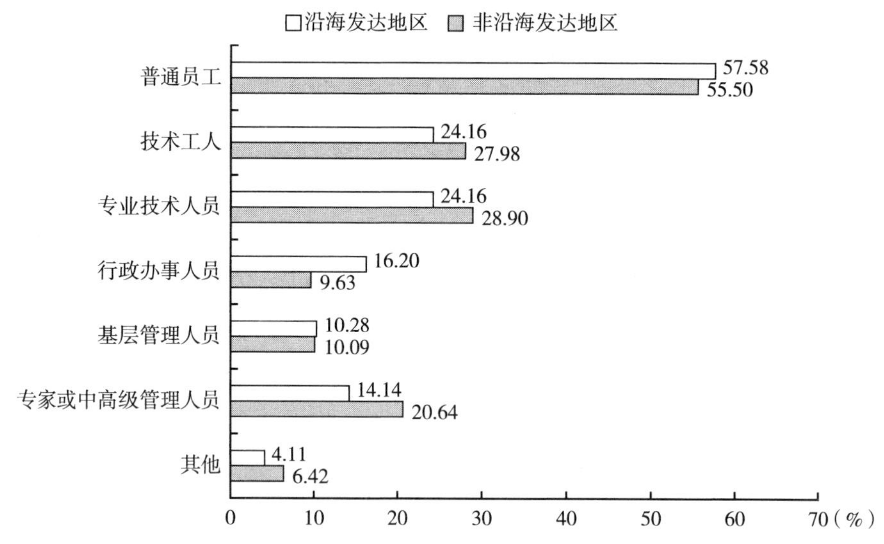

图5-16　不同区域企业未来最希望获取的灵活用工人才类型

（三）制造业对基础性和技术性人才灵活用工的需求较高，传统服务业对基础性和基层管理人才的需求较高，现代服务业对技术性人才的需求较高

对不同行业的差异进行比较发现，制造业、传统服务业对

"普通员工"的灵活用工需求明显高于现代服务业；制造业对"技术工人"的灵活用工需求相对较高；传统服务业对"基层管理人员"的需求高于其他两个行业；现代服务业对"专业技术人员"的需求相对最强（见图5－17）。

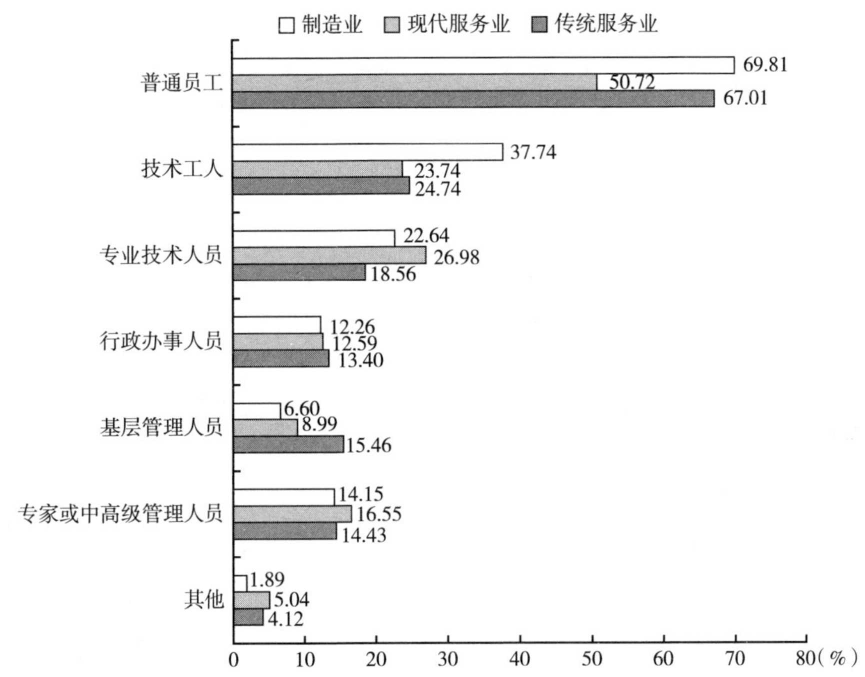

图5－17　不同行业企业未来最希望获取的灵活用工人才类型

（四）国有企业和民营企业对专业技术人才和高层次人才的灵活用工需求相对较高，外资/港澳台企业对基础性人才的需求较高

从企业性质看，有72.22%的外资/港澳台企业希望通过灵活用工的形式获取"普通员工"，国有企业和民营企业有需求的比例均在55%左右；国有企业和民营企业对"专业技术人员"的灵活

用工需求远高于外资/港澳台企业，对“技术工人”的需求也比外资/港澳台企业高；民营企业对“专家或中高级管理人员”的灵活用工需求最高，其次为国有企业，外资/港澳台企业对这类人才的需求非常低，仅为1.85%（见图5-18）。

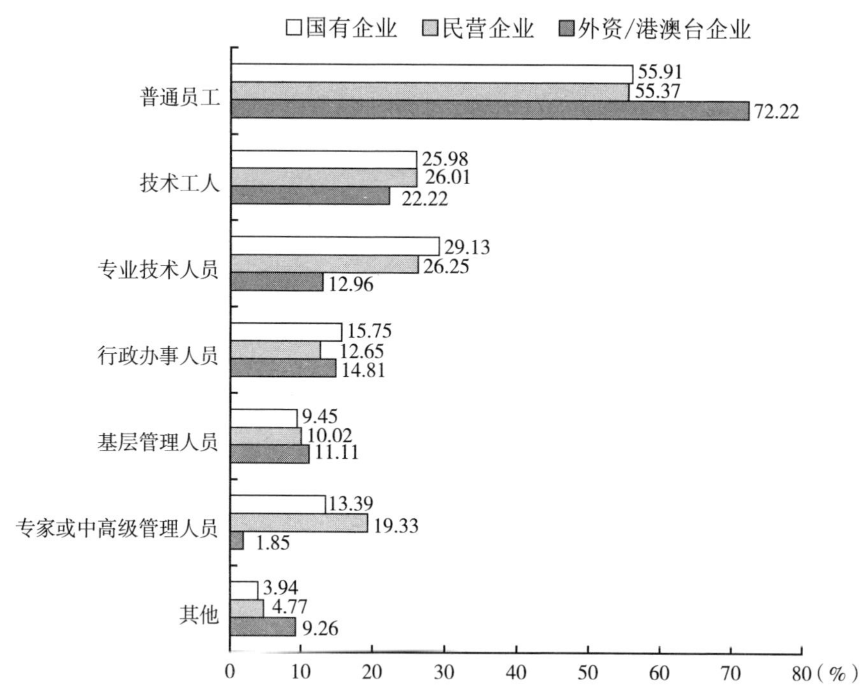

图5-18　不同性质企业未来最希望获取的灵活用工人才类型

（五）平台型企业对中低层次人才的灵活用工需求相对较高，非平台型企业则对高层次和技术性人才需求较高

从企业的平台属性看，平台型企业对“普通员工”、“基层管理人员”和“行政办事人员”的灵活用工需求更高；非平台型企业则对“专家或中高级管理人员”、“技术工人”和“专业技术人员”的需求更高（见图5-19）。

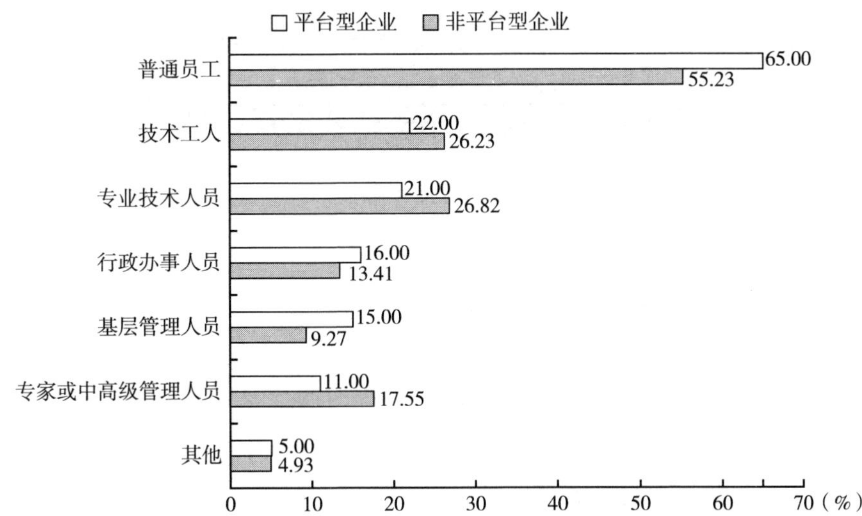

图5－19　平台型企业与非平台型企业未来最希望获取的灵活用工人才类型

（六）在港澳台及海外有业务的企业，对一般层次人才的灵活用工需求更高

从企业的业务范围看，在港澳台及海外有业务的企业，对“普通员工”的灵活用工需求明显更高，在“行政办事人员”岗位上的灵活用工需求相比于其他类型企业也略高一些；在内地多省市有业务的企业，对“专业技术人员”的灵活用工需求略高一些；业务仅限于本市的企业，对“技术工人”的灵活用工需求略高一些（见图5－20）。总之，在港澳台及海外有业务的企业，相对来说更希望通过灵活用工的形式获得一般层次人才；对中，高层次人才需求的差异，在不同业务范围企业之间表现得不太明显。

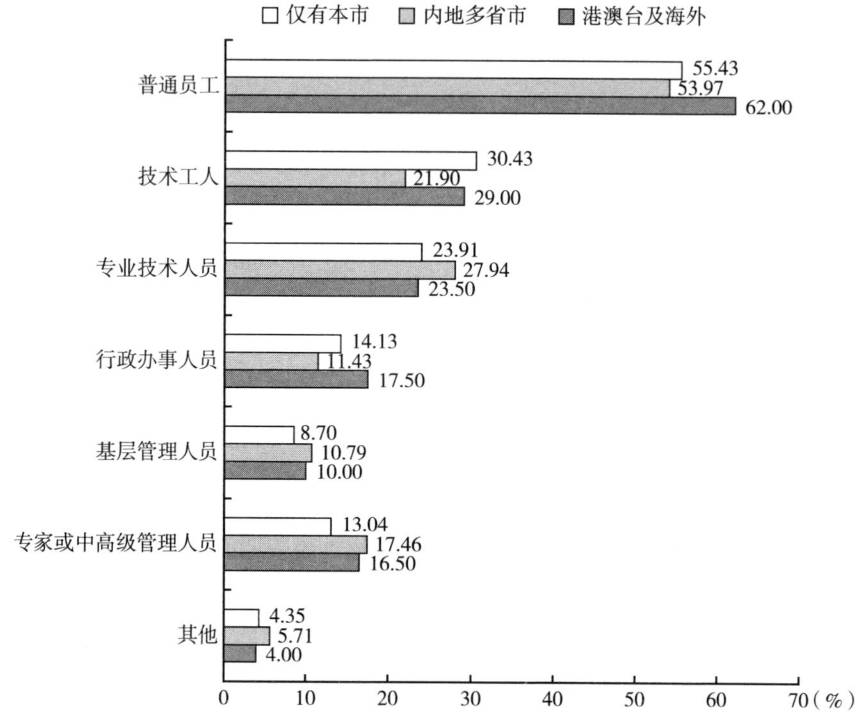

图 5－20　不同业务区域范围企业未来最希望获取的灵活用工人才类型

（七）大型企业更希望通过使用灵活用工获取普通人才，小微企业更希望以灵活用工的形式与专业技术人才、高层次人才合作

从企业规模看，企业规模越大，越希望通过使用灵活用工获取“普通员工”；企业规模越小，对“专业技术人才”和“专家或中高级管理人员”的灵活用工需求越强；中型企业对“技术工人”的需求相对较强（见图 5－21）。

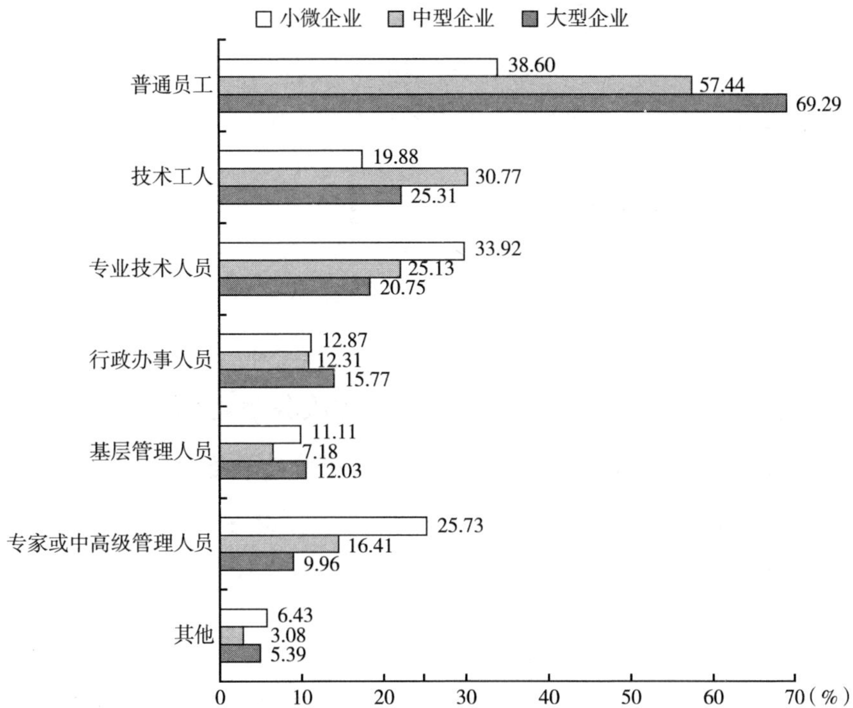

图 5－21　不同规模企业未来最希望获取的灵活用工人才类型

第六章
灵活用工管理

灵活用工往往涉及用工方、人力资源服务公司/第三方、劳动者多方主体关系；在同一企业/平台中，有可能存在数种用工形式、多家人力资源服务公司和不同身份的员工。在各类灵活用工形式中，用工方与人力资源服务公司/第三方在管理职能方面如何分工？灵活用工管理中存在的主要问题是什么？新型组织关系又面临哪些挑战？如何才能有效应对灵活用工管理中的问题和新型组织关系中的挑战？本章将综合调用访谈资料、企业卷数据和员工卷数据来回答上述问题。

一 灵活用工中的管理职能分工

除去用工方与劳动者直接建立非全日制用工或劳务关系这两类情形外，大部分灵活用工形式都有人力资源服务公司/第三方的参与。当传统科层制组织内部的统一管理转变为不同市场组织的协调合作时，必然涉及管理职能的划分。在劳务派遣、人力资源外包、业务外包、平台用工等灵活用工形式中，围绕业务管理和人事管理，用工方与人力资源服务公司/第三方的管理职能是如何划分的呢？本部分将对此进行梳理。

（一）人力资源服务公司在劳务派遣中较少参与管理，在人力资源外包中输出专业人事管理，在业务外包中承担全部管理职能；用工方则在劳务派遣中承担业务和人事管理职能，在人力资源外包中承担业务管理职能，在业务外包中不参与管理

劳务派遣是当前比较普遍的灵活用工形式，如前所述，使用劳务派遣的灵活用工企业比例为56.21%。劳务派遣机构与派遣员工订立劳动合同，建立劳动关系；用工方与派遣员工形成工作关系。用工方承担业务管理和大部分人事管理职能；劳务派遣机构只负责薪酬发放、社保/公积金缴纳等方面的职能。在这种用工形式下，劳务派遣机构服务能力相对较低，用工方难以从大量重复性、事务性工作中解放出来，并且仍然需要承担部分用工风险责任。

在人力资源外包这种用工形式中，人力资源服务公司同样与外包员工签订劳动合同，建立劳动关系；用工方与外包员工形成工作关系。但与劳务派遣不同的是，用工方主要承担业务管理职能，人力资源服务公司承担招聘、基础人事管理、员工关系管理、职业意识与技能培训、绩效与薪酬管理、用工风险管控等大部分人事管理职能和部分业务支持职能。人力资源服务公司以雇主身份承担全部用工风险责任。用工方可以从大量重复性、事务性工作中解放出来，专心于主营业务；同时也可以灵活获取市场上的人才资源。人力资源服务公司在这种用工形式中承担着一系列专业的人事管理职能，形成了一整套相对成熟的灵活用工管理经验，本章第二部分还将对此进行详细介绍。

业务外包也是当前企业实现灵活用工的一种常见形式。发包方

直接与承包方签订承揽合同；劳动者与承包方建立劳动关系或劳务关系；承包方承担业务和人事管理职能，并向发包方交付业务结果。制造业的代工、建筑业的分包都是业务外包常见的表现形式。专业的人力资源服务公司往往也会作为承包方直接承担一些独立业务，比如食品加工业的包装环节、快递业的分拣环节、保税仓储中的贴码环节，以及互联网行业的客服、内容审核、标签标准业务等。

> 我们业务外包 BPO 这一块？这个就是我们自己的，连职场都是我们自己的，我们不去客户的现场打工。我们在营口那边有很大的几千平方米的自己的职场，这个职场里面从招人开始，就是他（客户）所有的，比如我们承包了 MT 客服，MT 的客服 800 人全都是在我们的职场工作，我们的管理人员，我们给他直接输出业务。（访谈编号：LHYG39）

（二）非全日制用工和短期用工直接由用工企业管理

在非全日制用工中，劳动者一般与用工方直接签订劳动合同，形成非标准化的劳动关系。在这种用工形式中，劳动者在业务和人事方面接受用工方的管理，一般按小时计酬。

短期用工一般按业务输出结果付费，劳动者与用工方建立劳务关系。劳务合作的具体表现形态则更为多样。第一种情形为，劳动者直接与用工方签订劳务合同，接受用工方的管理，比如，日结工、实习生、商场开业时的导购、保险业中的保险代理等。第二种情形为，劳动者直接与用工方签订劳务合同，但相对较少受用工方的管理，劳动者工作自由度较大，如企业特定项目中临时聘请的专家、多点执业的医生等。第三种情形为，劳动者在第三方（一般为人力资源服务公司）的介绍下与用工方建立劳务关系，接受用工方的管理；第三方收取招聘费用，但并不承担管理职能。

随着专业人力资源服务机构和用工平台的发展，原来由用工企业与劳动者直接建立的非全日制用工或劳务合作关系，部分转为第三方从用工企业承揽业务，并由第三方与劳动者建立非全日制用工或劳务合作关系，劳动者接受第三方管理。这种用工方式的实质是业务外包。比如，GY 人力资源服务公司承揽 HQ 机场的保洁业务，保洁工作人员与人力资源服务公司签订非全日制劳动合同，并接受其管理。[①] 又如，BY 人力资源服务公司专为五星级酒店高峰期的餐饮业务提供兼职学生，BY 公司与学生签订劳务合同，并负责招聘、打卡、发放劳保用品、购买保险、支付劳动报酬等方面的工作。[②] 类似的做法也存在于平台用工中。比如，我国某研发设计类平台，在匹配用工方与劳动者/供应商双方需求外，也会以第三方身份承揽用工方的工作项目。平台在承揽业务后，依据资质、服务能力、好评率、行业经验、交付准时度等维度的信息，将相关业务匹配并外包给平台上的劳动者/供应商，并负责跟进项目进度、把控项目质量、验收项目，最后向用工方交付结果。当然，平台用工涉及的关系和管理分工比较复杂，本章下一部分将详细说明。

---

① 访谈编号：LHYG34。

② 访谈编号：LHYG30。

（三）平台用工的灵活用工管理，主要包括平台管理、平台与第三方共同管理两种类型

平台用工中的管理比较多样化。第一种情形即为通常所说的众包，平台撮合用工方与劳动者的双方需求。众包广泛存在于网约车、外卖、货运（如同城搬家）、家政、医疗（如网上问诊）、研发设计等行业中，劳动者通过平台承揽业务，并直接接受平台对劳动过程的线上管理（如派单、薪酬计算、评分、奖惩等）（梁萌，2017；吴清军、李贞，2018）。第二种情形为，平台从用工方承揽业务，然后由平台向劳动者发包业务，平台对劳动者的劳动过程和业务结果进行管理。第三种情形为，平台匹配用工方和劳动者双方需求，并与自营员工直接建立劳动关系，劳动者接受平台在劳动过程和人事方面的管理，比如外卖平台（从访谈材料看，这种情况正在逐渐减少）。第四种情形为，在劳动者与平台之间存在第三方，但第三方与劳动者并未建立劳动关系或劳务关系；劳动者同时接受平台和第三方的管理。比如，在网约车行业中，司机将自己的车辆挂靠在租赁公司，或租赁其车辆；租赁公司承担招募司机、技能培训、返佣让利、线下处理订单问题、团队建设等管理职能。第五种情形为，在劳动者与平台之间存在第三方，劳动者与平台、第三方建立劳务关系，劳动者同时接受平台和第三方的管理。比如，在网络直播行业中，网络主播与直播平台、公会建立劳务关系，三者按比例分成；平台主要负责制定薪资制度、竞争奖励制度（主要依托各种类型的比赛）、监管直播内容等；公会则承担挖掘、培训、包装、监管主播以及为主播引流等方面的职能。第六种情形

为，在劳动者与平台之间存在第三方，平台向第三方发包业务，劳动者与第三方建立劳动关系。比如，外卖平台中加盟商、代理商的专送骑手，平台对骑手的劳动过程进行线上管理（如派单、监督、奖惩、设置预计送达时间等），加盟商、代理商则从线下对劳动者进行管理（比如处理事故、处理客群关系、优化订单配送等）。第七种情形为，平台向第三方发包业务，第三方（如人力资源服务公司）与众包员工建立劳务关系或自雇合作关系（一般会通过第三方税务代征资质将劳动者转化为个体工商户身份）。比如，在网约车、外卖行业中，平台对劳动者进行线上管理（如派单、监督、奖惩等）；人力资源服务公司则负责处理线下事故、管控风险等。

二 灵活用工管理中的问题

当前用工方与人力资源服务公司/第三方在灵活用工管理方面形成了多种类型的合作方式。但就整个灵活用工市场而言，人力资源服务公司/第三方在灵活用工管理中的专业化水准总体有待提高，人力资源服务公司打价格战、吃政策饭的现象还比较普遍，专业能力建设和研发投入不足。这也使得我国当前的灵活用工管理还存在一系列有待解决的问题，被提及最多的问题是“员工质量不稳定”。

（一）员工质量不稳定是企业使用灵活用工过程中遇到的最突出问题，其余问题涉及管理困难、响应与交付速度不够、遇到劳动争议与员工维权、企业信息泄露等；相关问题的存在主要与我国人力资源服务业发展尚不成熟有关

问及“使用灵活用工中主要遇到哪些问题”，接近八成用工企

业选择“员工质量不稳定”，可见这是大多数企业在灵活用工中面临的突出问题；约四成企业反映“管理困难”；选择遇到“劳动争议与员工维权”的企业也超过了1/4；14.20%的企业面临信息泄露问题（见图6－1）。

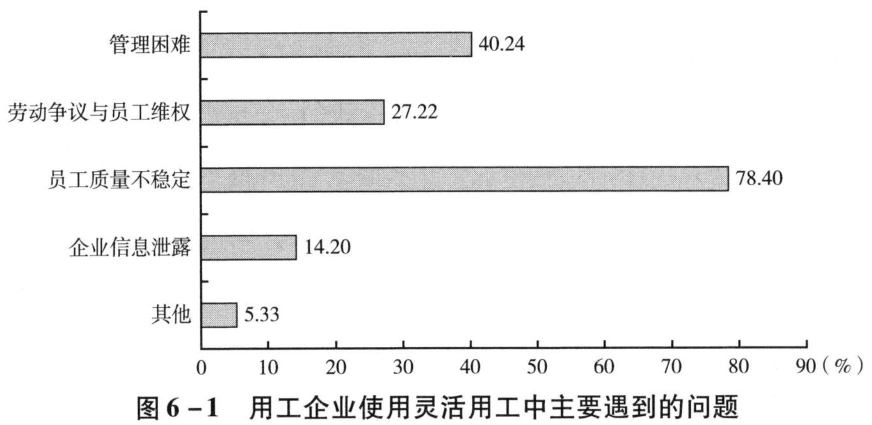

图6－1　用工企业使用灵活用工中主要遇到的问题

从用工企业“期望人力资源服务公司改善的方面”（见图6－2），可以从另一个角度挖掘当前企业灵活用工管理中的问题。被用工企业提及最多的是“响应与交付速度”（57.40%），可见人员招聘与交付仍然是用工企业最重视的问题，也是当前多数企业在灵活用工中仍然面临的问题。“人才储备”“员工培训”分别占44.67%、30.47%，这两个方面反映的是用工企业对改变当前员工质量问题的期望。42.60%的用工企业期望人力资源服务公司改善“用工风险管理”，这与前面的“劳动争议与员工维权”“管理困难”相对应。期望人力资源服务公司改善“员工关系管理”“沟通能力”的用工企业均在两成左右，然后依次为“基础人事管理”“绩效与薪资”。这四个方面反映的均是用工企业在日常管理中使用人力资源服务面临的问题。

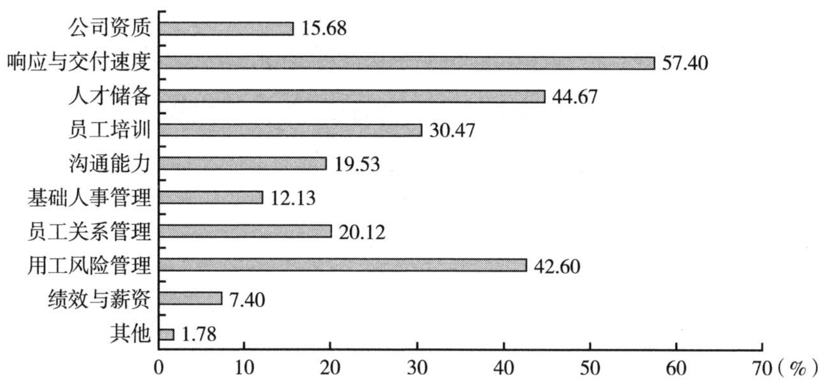

图6－2　用工企业期望人力资源服务公司改善的方面

概而言之，用工企业在使用灵活用工中面临的问题主要包括员工质量不稳定、管理困难、人力资源服务公司响应与交付速度不够、劳动争议与员工维权、信息泄露等。之所以会出现上述问题，主要与当前我国灵活用工市场和人力资源服务业发育尚不成熟有关。从对人力资源服务公司和行业协会的访谈中，我们不难发现，当前多数人力资源服务公司仍然停留在打价格战、吃政策饭[①]的粗放发展阶段，在专业团队建设、系统平台建设、产品研发等方面投入不足，在基础人事管理、培训、员工关系管理、用工风险管控等方面尚未有系统化的成熟经验。而在用工方，企业使用灵活用工最主要的动机仍然是降成本、减轻自招压力、满足季节性/短期项目用工需求，对于如何解决灵活用工使用过程中可能面临的深层次问题，总体上重视不够。

① “吃政策饭”指人力资源服务公司主要依靠钻国家法律法规政策的空子甚至不遵守法律的方式获取利润，比如，少缴或不缴社保、克扣员工工资、借助税务代征资质将劳动者转换为个体工商户等。

（二）沿海发达地区企业、第三产业、外资/港澳台企业、平台型企业、在港澳台及海外有业务的企业、大型企业，更有可能面临“员工质量不稳定”的问题

“员工质量不稳定”是各类企业共同面临的最为普遍的问题，但不同类型的用工企业在灵活用工管理中面临的问题的差异性分布也值得讨论。

从企业所在地看（见图6－3），沿海发达地区与非沿海发达地区企业“员工质量不稳定”问题都比较突出，但沿海发达地区却要高出大约7个百分点。为何沿海发达地区人力资源服务发展的专业化程度更高，但员工质量问题却更多地被用工企业提及？这很可能与灵活用工岗位有关。从前面章节对不同区域企业灵活用工岗位差异的讨论[①]可以看出，与非沿海发达地区相比，沿海发达地区企业在技术工人、客服、审核、行政、人力资源、财务、法务等岗位使用灵活用工的可能性明显更大，这些岗位均具备一定的专业性或技术性；非沿海发达地区企业对普通工人的需求却明显高于沿海发达地区。因此，沿海发达地区企业更倾向于在专业性、技术性岗位上使用灵活用工，对灵活用工员工的质量要求更高，也更有可能提出员工质量方面的问题。同样值得一提的是，非沿海发达地区的用工企业更多提及“劳动争议与员工维权”问题，这说明内地灵活用工管理和人力资源服务的规范性和专业性有待提高，对人力资源服务公司和行业协会的访谈也印证了这一点。

---

① 具体数字可查阅第五章图5－9。

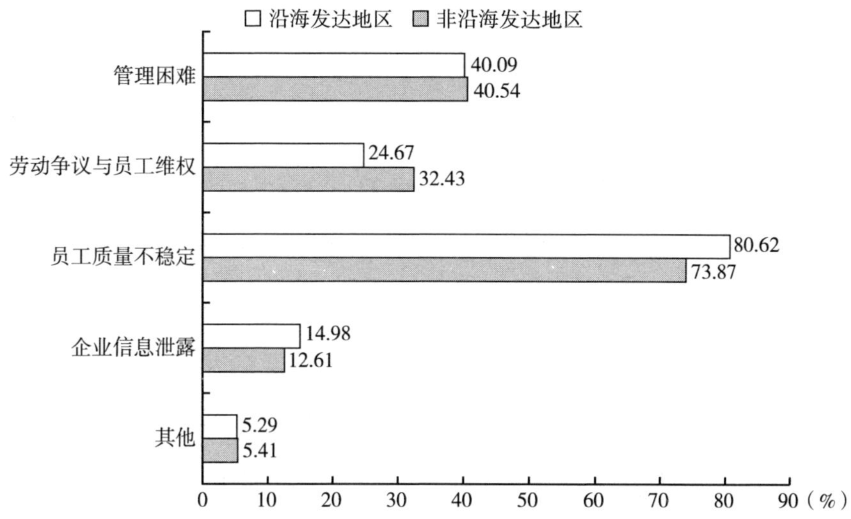

图 6－3　不同区域企业使用灵活用工中主要遇到的问题

对不同行业进行比较可以发现（见图 6－4），传统服务业灵活用工管理面临的问题最多，在使用灵活用工过程中遇到“员工

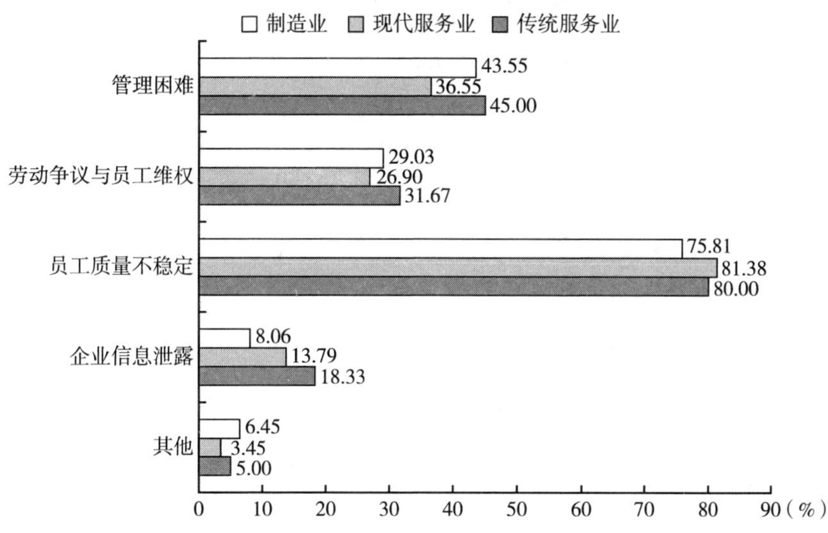

图 6－4　不同行业用工企业使用灵活用工中主要遇到的问题

质量不稳定”、“管理困难”、“劳动争议与员工维权”和“企业信息泄露”的可能性均相对较高；现代服务业“员工质量不稳定”的现象比较突出，这可能部分与其使用灵活用工的岗位（如IT人员）专业性或技术性相对较强有关；[①] 制造业在“管理困难”和“劳动争议与员工维权”问题上相对低于传统服务业，但高于现代服务业。

从企业性质看（见图6－5），民营企业灵活用工管理的问题相对比较突出，规范性有待提高，在使用灵活用工过程中遇到“管理困难”、“劳动争议与员工维权”和“企业信息泄露”的可能性均相对较高；国有企业遇到“劳动争议与员工维权”问题的比例相对较高，这可能与国有企业中灵活用工员工与自有员工薪酬待

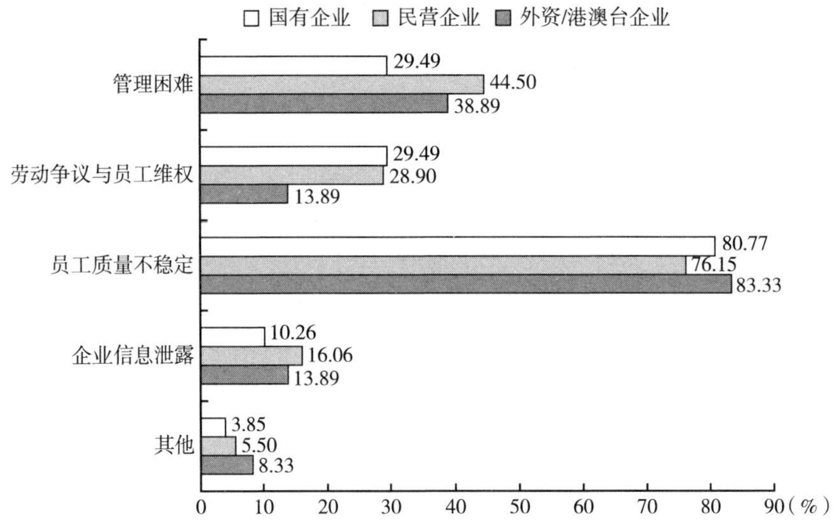

图6－5　不同性质用工企业使用灵活用工中主要遇到的问题

① 具体数字可查阅第5章图5－10。

遇、发展晋升空间差别较大有关；[①] 而外资/港澳台企业则更多提到“员工质量不稳定”的问题。

从企业平台属性看（见图6－6），平台型企业在使用灵活用工过程中相对更多遇到“员工质量不稳定”和“企业信息泄露”的问题；而非平台型企业则相对更多面临“管理困难”的问题。

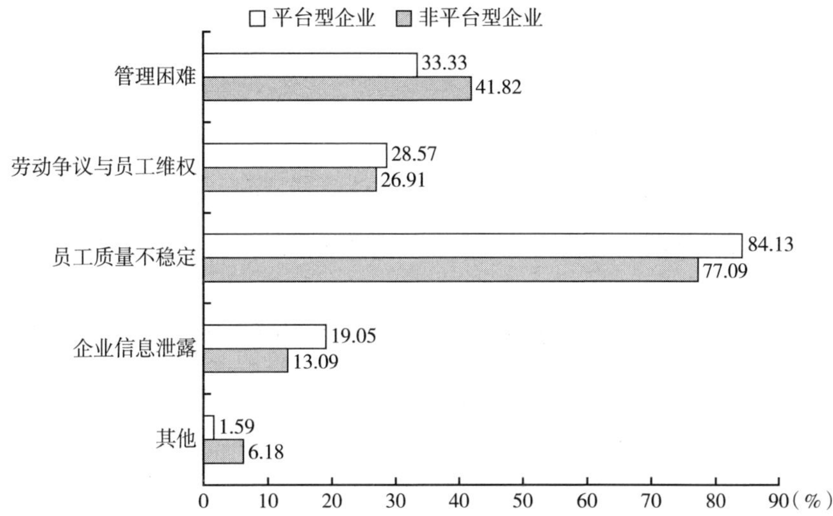

图6－6　平台型企业与非平台型企业使用灵活用工中主要遇到的问题

从企业业务范围看（见图6－7），业务仅限于本市的企业，相对更有可能面临“管理困难”的问题；在内地多省市有业务的企业，遇到“劳动争议与员工维权”问题的可能性相对较高；在港澳台及海外有业务的企业，则更多提到“员工质量不稳定”的问题。

---

① 从企业卷数据看，国有企业反映自有员工与灵活用工员工在“基础工资”“绩效工资”“福利待遇”“晋升通道”方面有差异的比例（分别为37.18%、41.03%、56.41%、53.85%），均明显高于民营企业和外资/港澳台企业。

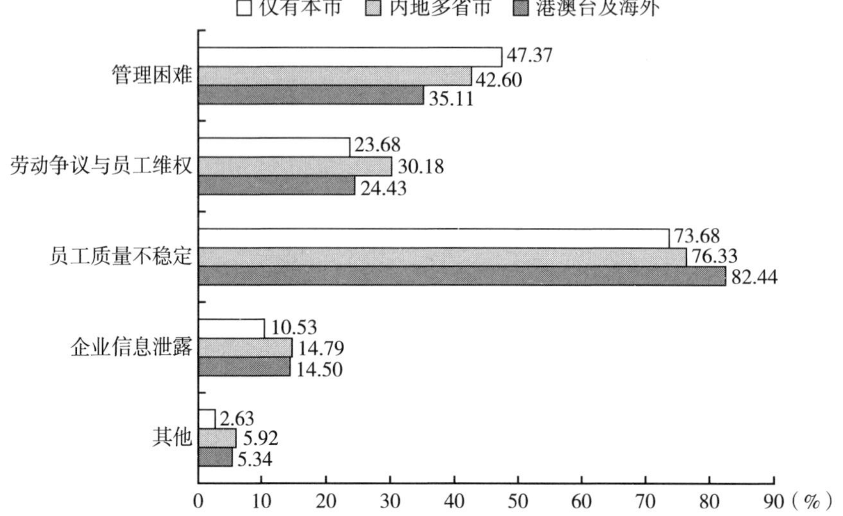

图 6－7　不同业务范围用工企业使用灵活用工中主要遇到的问题

从企业规模看（见图 6－8），企业规模越大，越有可能面临“员工质量不稳定”和“管理困难”的问题；小微企业则更多面临“劳动争议与员工维权”和“企业信息泄露”的问题。

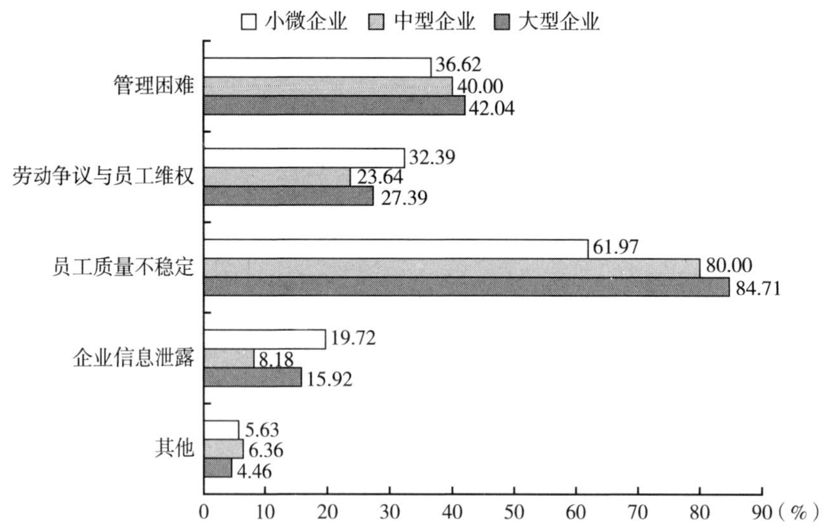

图 6－8　不同规模用工企业使用灵活用工中主要遇到的问题

三　新型组织关系面临的挑战

在灵活用工形态下，传统科层组织和标准化雇佣关系下那种劳动者与组织之间相对稳固的关系难以维系，劳动者的工作方式、内容、时间、场所、薪酬福利等可能都趋于弹性化。灵活用工员工与用工企业的关系究竟会面临怎样的挑战呢？基于对企业卷和员工卷的分析，不难发现，当前我国灵活用工形态下，劳动者与组织之间的关系面临的挑战主要包括：①灵活用工员工在薪酬福利、发展晋升方面与同岗位自有员工总体呈现较明显的差异，用工企业内部的凝聚力和员工关系受到影响；②劳动者的身份认同、组织归属面临危机，其与用工企业之间的心理契约、组织承诺难以形成。

在企业卷中，问及用工企业“自有员工与同岗位的灵活用工在哪些待遇上有明显差别”（见图6－9），超过1/3的企业认为各类待遇“没有明显差别”；“福利待遇”和“晋升通道”有明显差别的企业均超过四成；“绩效工资”有差别的企业约占1/3；其后依次为“基础工资”和“职业培训机会”（分别为28.11%、23.67%）。

灵活用工员工对相关问题的回答与企业有所不同（见图6－10）。在员工卷中，只有13.80%的员工认为各类待遇“没有明显差别”；认为“绩效工资”“福利待遇”“基础工资”有明显差别的员工比例均超过了45%；36.60%的职工反映在“晋升通道”方面有差别。

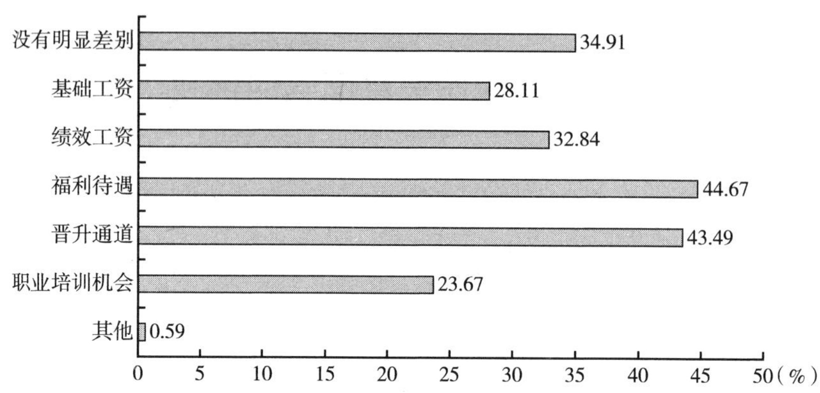

图6－9　用工企业对自有员工与非自有员工待遇差别的描述

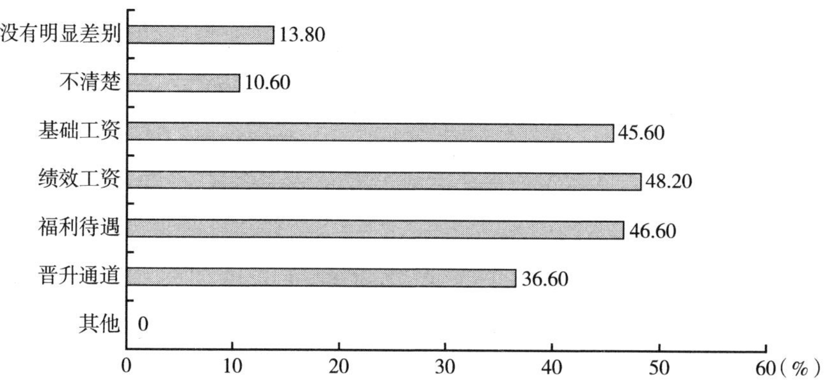

图6－10　灵活用工员工对自有员工与非自有员工待遇差别的描述

员工卷还询问了灵活用工员工对通过第三方人力资源服务公司就业的顾虑（见图6－11），我们可借此进一步分析劳动者与组织之间的关系。超过一半的员工认为第三方就业“薪资待遇不如正式员工”，担心“五险一金与其他福利有差异”和“晋升空间有限制”的被访者比例分别为47.00%和44.60%，上述顾虑均反映了灵活用工员工在工作中同工不同酬、发展晋升受限制的现实处境。认为第三方就业“没有正式编制或身份”的比例也有47.00%，随后依次为“工作不稳定”、“没有确定性”和“管理上两头踢皮球”（分别为30.40%、24.40%、19.00%），上述顾虑均反映了灵活用工员工在用工单位身份认同模糊、组织归属感弱的问题。

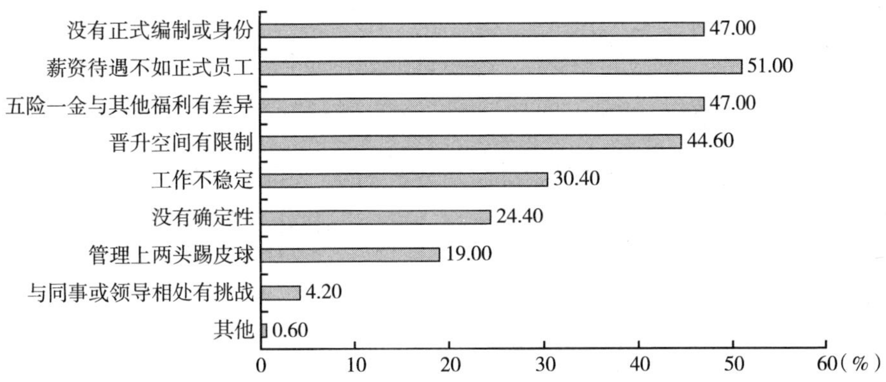

图6－11　灵活用工员工对通过第三方人力资源服务公司就业的顾虑

四　人力资源服务机构应对灵活用工管理问题的探索

灵活用工管理既涉及用工单位与人力资源服务供应商/第三方的有效协作问题，也涉及员工与组织、员工（自有与灵活用工员工、不同供应商的员工）之间的关系问题。如何通过专业化的管理，有效解决上述问题，是当前亟须探讨的议题。

在劳务合作、非全日制用工、平台众包等用工形式中，劳动者多以短期劳动收入最大化为出发点，对组织归属、发展晋升等方面的要求可能不是很高。当然，并不是说在这些灵活用工形态中不存在对灵活用工员工的管理。在非全日制用工和劳务合作中，主要由用工方进行业务和人事层面的管理。上述三种形式中均有可能存在第三方的参与。比如，在平台用工中，平台往往承担派单、制定薪资规则、监督劳动过程、评分、奖惩等方面的职能；打车平台的租赁公司、外卖平台的加盟商/代理商、家政平台的家政公司/月嫂公司/劳务公司、直播平台的公会以及打车、外卖平台的人力资源服务公司等，可能在技能培训、线下处理订单问题、风险管控、团队建设等方面承担部分管理职能。平台与第三方的管理分工和责任划分相对比较明确。在业务外包中，业务承揽方可能在生产过程中承担着传统企业的业务和人事管理职能。

比较值得探讨的是劳务派遣、人力资源外包中的灵活用工管理问题。在这两类比较常见的灵活用工形态中，用工方与人力资源服务供应商之间在用工中有着相对比较稳定的合作关系，企业期望能通过第三方降低用工成本，劳动者对身份归属、技能提升、内部晋升、诉求表达等职业发展问题也比较重视，因此，能否形成一套成熟的灵活用工管理经验至关重要。毫无疑问，相对劳务派遣，人力资源外包更加注重为用工方提供一体化的专业服务。本节将主要借助人力资源服务供应商 R 公司在人力资源外包方面与用工方的合作经验，呈现专业人力资源服务机构在应对灵活用工管理问题方面进行的一系列探索，并借助员工卷数据评估这种专业化服务在改善灵活用工员工与组织之间关系方面的效果。

通过对 R 公司相关经验的梳理，课题组发现，用工企业与第三方的有机协作、人力资源外包系统平台的应用，可以有效解决多方主体（用工方、不同人力资源服务供应商、不同身份员工群体）、多城市布局、大规模人员管理面临的问题；人力资源服务供应商专业的薪酬管理和用工风险管控，可以有效应对劳动争议风险；供应商与用工方共同协作的培训体系、供应商对长期经营岗位分层分阶的培训体系，可以有效提升职工队伍的素质，解决企业在灵活用工中普遍面临的员工质量问题；减少不同员工群体的差异，强化离职管理、员工关怀、优秀员工激励、沟通机制建设、员工心理健康干预，可以部分缓解员工的身份认同与组织归属感问题。最后，对员工卷数据的分析表明，专业的人力资源服务确实可以明显缩小灵活用工员工与自有员工在薪酬待遇、发展晋升方面的差异，并缓解灵活用工员工身份认同模糊、组织归属感弱方面的问题。

（一）应对灵活用工管理问题的专业人力资源服务实践

第一，建立人力资源服务供应商与用工方的有机协作。出于防止供应商一家独大、分散用工规模大幅增减风险①等方面的考虑，一些大的用工企业或平台型企业往往同时与数家供应商合作。在采购供应商的服务时，用工方往往会比较注重考察人力资源服务公司在“响应与交付速度”和“用工风险管理”等方面的能力（见图6－12）。而在日常管理中，企业往往更侧重供应商管理、外包员工的业务管理和人力资源管理战略性规划层面的事宜，同时也适度参与到招聘验收、社保/公积金审核、薪酬审核、考勤管理、业务培训等人力资源管理的具体事宜中；如 R 公司负责招聘、基础人

① 用工规模增加过快，一家供应商的招聘能力可能跟不上；用工规模削减过多，一家供应商裁员或安置员工的压力太大，劳动争议风险也较大。数家供应商可以减少这两方面的问题。

事管理、员工关系管理、用工风险管控、培训等外包员工人力资源管理的具体事务，并为用工方的业务管理提供一定支持。

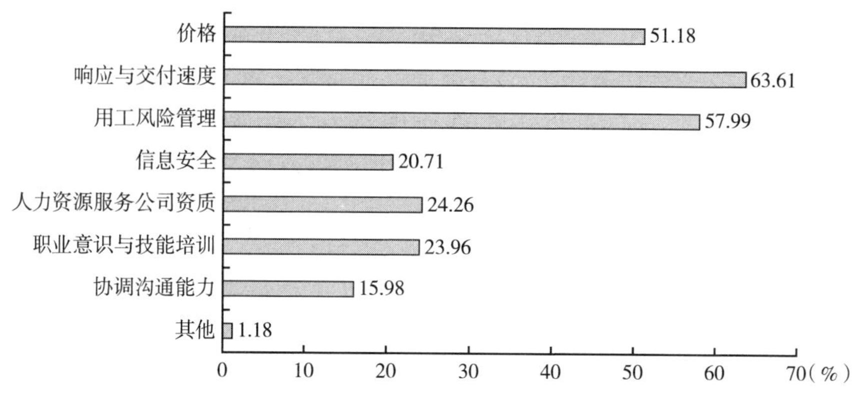

图 6－12　用工企业看重供应商的因素

第二，通过人力资源服务供应商专业化的服务，降低企业的用工成本。这体现在招聘、基础人事管理、薪酬与绩效管理、培训、用工风险管控等多个模块。比如，在基础人事管理中，依托 R 公司开发的人力资源外包系统平台，外包公司、发包单位、员工都可以轻松完成相关人事工作或手续。外包员工可以在系统平台中自助填写入职信息、上传相关资料、签订劳动合同、申请休假请假加班、查询相关政策和个人数据等。发包单位则可以在平台上审批休假请假加班、查看相关数据和各类报表。外包公司则可以在入职、合同、社保公积金、考勤、薪酬、档案及报表、离职、日常咨询等方面进行高效管理。以基础人事管理中的合同管理为例，传统的劳动/劳务合同签署方式，容易出现纸质合同遗失、异地签署不方便、劳动者真实身份难以识别等问题，电子合同的签署则可以有效避免这些问题。又以社保公积金的系统核算为例，我国各个城市的社保公积金缴纳政策、缴纳比例、缴纳基数可能千差万别，数百个城市、成千上万员工的社保公积金核算，是一件极其烦琐的工作。但在专业外包公司的专业化管理中，系统平台会根据每个城市的政策配置好相应的缴费参数和计算方案，只要上传员工的薪资数据，就可以自动核算出员工当月应缴纳的社保公积金数额。再以考勤管理为例，传统的以固定位置打卡为主的考勤方式，难以适应跨区域、多网点的项目考勤。而在系统平台中，员工可通过手机 APP 实现定位打卡、移动考勤，并自动生成考勤报表。总之，人力资源外包系统平台的应用，使得人力外包中繁杂的基础人事管理变得简洁高效，省去大量的人工手续，有效降低出错概率，外包公司、发包单位、员工之间的事务性衔接也得以有序畅通。

在薪酬管理中，R 公司基于其在长期实践和庞大数据基础上形成的对薪酬市场水平的掌握，帮助确定外包项目的合理薪酬水平，避免薪酬过低带来的员工工作积极性受挫和队伍不稳定问题，也避免薪酬过高带来的用工成本问题。其次，R 公司借助人力资源外包系统平台，优化外包员工的考勤管理，及时处理员工大量入离职带来的社保增员减员问题，提高数据处理的准确性，实现专业化、规模化的薪酬核算与发放。再者，R 公司以其专业的法律知识和操作经验为基础，根据工作岗位的特点，在外包项目中选择合适的工时制度，履行相应的行政审批手续，确定合理的加班费支付方案。总之，外包公司专业化的薪酬管理，可以有效降低企业用工成本，提高员工工作积极性和队伍稳定性，避免薪酬制度不合理、薪酬核算失误、社保缴纳不及时等问题带来的劳动争议风险。

在培训方面，为打造高素质的外包队伍，提升外包员工的能力和工作绩效，R公司非常注重员工队伍的培训。首先，基于各用工单位的业务情况和培训需求，建立外包公司与发包单位共同协作的培训体系。用工单位主要承担业务方面的培训（如实操技能、岗位操作规程等），R公司主要承担文化素养、职业意识及其他通用素质的培训。其次，由于服务的岗位比较集中，相关岗位涉及的人员较多，R公司围绕其长期经营的岗位（如客服），从知识、技能、心态三个层面设计了系列课程，针对员工入职的不同阶段安排相应的培训内容，并专门开发了一整套培训教材；同时，为建立外包员工在人力资源服务公司的职业发展通道，提高其在外包公司的稳定性，R公司还针对客服等岗位开发了任职资格评价体系，以员工级别为基础设立了分层分阶的培训体系。外包公司对员工的系统化培训，有助于改善用工企业频繁提到的“员工质量不稳定”问题。

第三，减少不同员工群体的差异，强化离职管理、员工关怀、优秀员工激励、沟通机制建设、员工心理健康干预，部分解决员工的身份认同与组织归属感问题。这里首先涉及的是员工之间的关系，即自有员工与外包员工、不同人力资源服务供应商的员工之间的关系。自有员工与外包员工薪资、绩效、福利待遇、晋升通道、管理、培训等方面的差异，经常导致外包员工的工作积极性、稳定性、组织归属感等方面出现问题，甚至造成两类员工之间的隔阂，影响组织内部的凝聚力。为应对此类问题，用工方可能会在将两类员工交叉分组、统一培训和管理、制定同样的考核方式以及为外包员工提供更多的转编机会等方面做出尝试。人力资源服务供应商（如R公司）可能会在与客户洽谈合作时就提出拉平两类员工的薪资福利待遇、提供更多的转编机会等方面的建议，并就合作过程中出现的排斥与歧视问题与用工方沟通。至于不同人力资源服务供应商员工的管理，用工方也会采取将不同供应商员工交叉分组、统一培训和管理、要求供应商统一福利待遇等举措，避免出现不同供应商员工内部抱团、彼此攀比之类的现象。

更值得关注的是员工与用工单位的关系。在人力资源灵活配置、劳动者与用工组织的关系不再稳固的情况下，如何解决劳动者的身份认同和组织归属问题，值得探讨。为有效缓解灵活用工员工在认同和归属方面的困扰，R 公司进行了一系列尝试，具体包括以下几个方面。①重视对离职的管理。对员工离职原因的挖掘，有助于准确把握用工企业和外包公司管理的不足。因此，R 公司的驻巡场 HR 非常注重与离职员工的坦诚交流，从中了解发包单位的管理情况和外包项目的改进建议，并以之为基础定期出具分析报告，提出用工环境和管理方式改善计划，提升员工的工作满意度。②重视对员工的关怀。R 公司在各个节日为旗下的外包员工举办活动，这些活动注重员工的参与、互动，有效地增进了外包团队的凝聚力。③注重对优秀员工的激励。R 公司与外包单位共同制定绩效考核体系，并将其作为外包员工转为自有员工的基本依据。明确的绩效考核体系有效增强了外包员工的工作积极性和组织归属感。④注重沟通机制的建设。外包公司的驻巡场 HR 在外包员工与用工单位的沟通中起到重要的桥梁作用，具体包括：接收外包员工就职位职级、薪酬福利、绩效考评、劳动权益等方面问题的申诉，并向外包单位传达员工的诉求；调解用工单位与外包员工之间的争议；建立外包员工与用工单位的沟通机制；驻巡场 HR 与外包员工、组长进行各种形式的沟通；等等。⑤注重对员工心理健康的干预。R 公司就外包员工的心理健康议题提供了系统化的培训，并为有需要的员工提供心理咨询服务。

（二）专业人力资源服务能减少员工待遇差异、强化认同归属感

员工卷数据显示，专业人力资源服务供应商与用工方合作管理（人力资源外包）或供应商独自管理（业务外包）的灵活用工员工，与样本中其他灵活用工员工相比，员工与组织之间的关系得到有效改善。从员工之间的关系看（见图6-13），由R人力资源服务公司管理的灵活用工员工，在薪资待遇、发展晋升方面与自有员工的差异，相比于其他公司的灵活用工员工与自有员工的差异，明显降低。从员工的身份认同、组织归属看（见图6-14），R公司的灵活用工员工对第三方就业的顾虑，如“工作不稳定”“没有确定性”

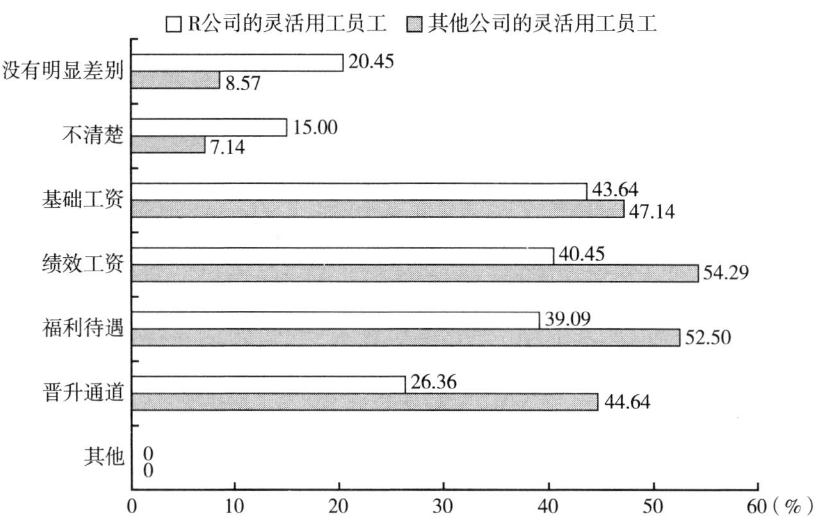

图6-13　不同灵活用工员工对自有员工与非自有员工待遇差异的描述

“没有正式编制或身份”“与同事或领导相处有挑战”，相比于其他灵活用工员工均要更少一些。

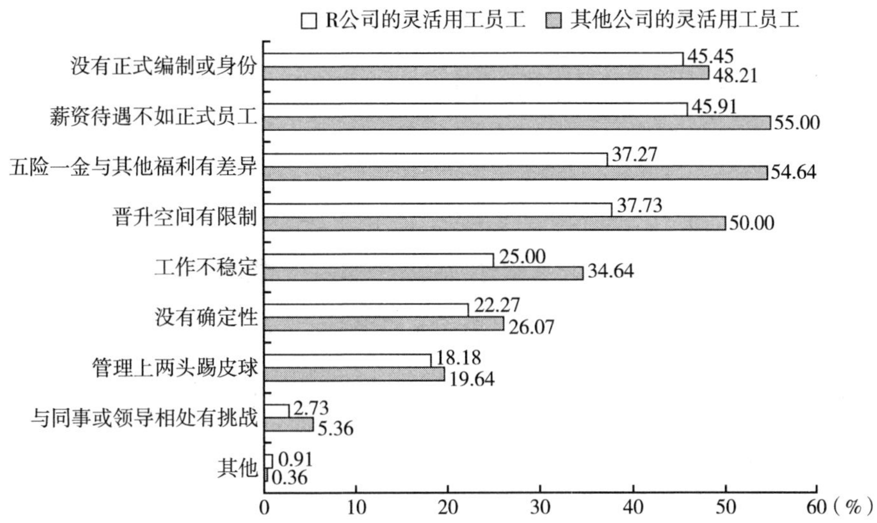

图 6-14　不同灵活用工员工对通过第三方就业的顾虑

第七章
灵活用工驱动力模型

在前几章，我们分析了组织变革的当下，灵活用工市场的现状、用工企业的实践以及灵活用工的管理。那么，到底是哪些因素在影响灵活用工市场与企业灵活用工实践决策？对此，我们从组织外部宏观因素与组织内部微观因素两个层面来分析灵活用工驱动力。宏观层面，我们采用 PEST 模型来分析政策（Politics）、经济（Economy）、社会（Society）和技术（Technology）四个宏观驱动力。与前文相一致，我们认为，对当下灵活用工市场发展最关键的驱动力来自以数据为基础的第四次技术革命。微观层面，我们从参与本次调查的用工企业入手，通过统计学方法对潜在驱动因素做影响因子筛选，建立企业灵活用工规模的多元逻辑回归模型。模型最终发现，用工企业的规模、所在行业、是否平台型企业以及在行业内的相对竞争地位对用工企业是否选择灵活用工以及使用规模有关键影响。

一　灵活用工宏观驱动力：PEST 模型

灵活用工所隶属的人力资源服务市场是一个多元化快速增长的市场。在快速发展的过程中，涌现出大量人力资源服务供应商，截至2018年底，市场上有超过20000家人力资源服务供应商，而前五名供应商的营收总额仅占市场的5.14%，[①] 充分说明该市场还处在高速发展中，竞争激烈，马太效应尚未形成。为了理解形成这种特殊的市场格局的驱动力，我们检阅该市场形成过程中的政策（Politics）、经济（Economy）、社会（Society）、技术（Technology）层面，基于PEST模型来解读灵活用工市场的宏观驱动力。

（一）政策驱动力

灵活用工发展始于劳动合同制改革，发轫于以保障就业、促进就业为导向的一系列政策，而对新经济业态、新就业形态的政策支持则影响灵活用工市场未来发展。劳动合同制改革前，我国就业模式为无固定期限的终身雇佣制。从1983年开始，国家逐步试行劳动合同制，直至1991年，城镇国有集体企业里的劳动关系在形式上全部转为劳动合同制，为就业市场化、灵活就业创造了基础条件。早期的灵活用工市场与灵活就业是一体两面，20世纪90年代中期前后开始推动的国有企业改革开启了灵活用工市场发展的第二阶段。国有企业改革产生大量下岗职工生计问题，大批下岗职工以非正规就业形式进入民营企业，转变就业身份。1995年，《中华人民共和国劳动法》的实施，进一步弱化了行政干预，劳动关系管理日趋法制化。在这个阶段，我国此前传统的人才资源统包统配格局被彻底打破，以劳务派遣为代表的非正规就业形式蓬勃发展，人力资源真正实现了市场化（张丽宾，2004）。2001年加入世界贸易组织

---

① 数据来源：万宝盛华招股书。

（WTO）后，我国又陆续出台了《境外就业中介管理规定》与《中外合资人才中介机构管理暂行规定》，使外国企业等经济体与中国机构联合开展人才中介服务活动得到进一步规范，促进人力资费服务市场与国际接轨；2007 年，《中华人民共和国劳动合同法》和《中华人民共和国劳动争议调解仲裁法》出台，从政策法律层面规范人力资源市场；2010 年，《国家中长期人才发展规划纲要（2010～2020 年）》颁发，人力资源市场规划与发展成为国家战略发展的一部分；2013 年《劳动合同法》修正案对人力资源服务公司经营劳务派遣的资质与规范性做出规定；2014 年《劳务派遣暂行规定》对劳务派遣员工占总用工比例提出明确规定；自 2016 年以来，政府更是发布了一系列与人才发展、人力资源服务业发展、人力资源市场管理相关的政策，这些政策均以保障就业、促进正规就业、开发人才人力为核心，规范灵活就业市场，推动人力资源服务业发展。

随着以平台经济、众包经济为特征的数字经济出现，国家对随之而来的新就业形态高度重视，谨慎审视。2017 年 4 月，国务院在《关于做好当前和今后一段时期就业创业工作的意见》中明确指出，经济转型需要以就业转型为支撑，支持新就业形态发展是数字经济时代保障就业的重要方向。简单梳理我国灵活用工市场发展的历程可以发现，以鼓励多形式就业为导向的政策是灵活用工市场前期发展的主要驱动力，未来灵活用工市场发展还将继续受数字经济与新就业政策驱动。

（二）经济驱动力

我国灵活用工市场发展一直与经济发展息息相关，与之有关的讨论与报告众多。经济发展对灵活用工市场的影响集中在至少两方面。一方面是劳动力供给的改变。第一产业向第二、第三产业释放大量闲置农业劳动力，为早期灵活用工市场的发展提供了供给侧劳动力基础。另一方面则是劳动力需求方的改变，第二、第三产业的快速发展与改革开放程度的加深为人力资源服务的多样化发展提供了需求侧基础。随着国家经济发展思路与经济结构的调整，鼓励技术创新，打造发展新引擎，走创新驱动发展道路刻不容缓。技术创新导向型经济结构转型打破了以服务业为代表的传统产业模式，推动了一批新兴产业蓬勃发展。与新兴产业相伴生的大量短期用工需求与快速到岗需求则推动灵活用工形式再次发展，人才外包、岗位外包等更多样化的灵活用工产品被推入市场，满足用工企业不断产生的个性化用工需求。经济对国民生活的每个层面都有着深层次的影响。而在灵活用工问题上，数字技术下的经济结构转型目前正极大地激发灵活用工市场的活力，使传统人力资源服务公司主动或被动地进行整合重塑，创新的灵活用工业务与专业化的人力资源服务公司在市场中不断涌现。

（三）社会驱动力

社会驱动力体现在至少两个方面。一方面是我国劳动年龄人口的平均受教育年限自改革开放后得到显著提高，极大地增加了高素质人才供给，成为灵活就业的基本保障。另一方面则是人们整体对工作方式观念的改变。2020 年中国新生代员工公益调查报告显示，相较于“前浪”员工，新生代员工在重视学习与成长，发挥自我才能，实现自我价值的同时也对社会产生正面价值。[①] 新生代的种种特质不仅体现在生活中，更体现在工作价值观上。传统的与用工企业直接签署劳动合同的 In-house 就业方式不再是默认选择，就业场所、就业形式让步于工作内容、薪资待遇或价值实现。而“后浪”员工也与时俱进，离职不再等同于失业。数字经济时代，全职工作与灵活兼职并行甚至被灵活兼职取代也成为常态，为灵活就业未来发展提供了文化基础。

（四）技术驱动力

在数据成为生产力、数字经济体形成之前，以互联网为依托的信息技术主要改善了人力资源服务公司对劳动力的信息获取效率，使人力资源服务公司得以突破空间限制，从传统的基于人际关系或纸媒获取劳动力的方式转变为在线招聘。而在信息技术进一步发展、数据成为一种生产力后，对人力资源服务公司与用工企业的人力资源系统都产生了革命性的影响。在人力资源服务公司端，信息技术让人力资源服务公司可以更好地具象候选人画像，为客户企业更高效精准地匹配所需人才。以人瑞集团为例，其申请至面试的转化率超过 50%，远高于灼识咨询所统计的 5% ~15% 的行业平均转化率，使得人瑞集团可以依托信息技术优势而脱离价格战。

技术对灵活用工市场的驱动作用不仅体现在人力资源服务公司端，更体现在灵活用工市场的用工企业端。在生产端，用工企业可

① “2020 年中国新生代员工工作价值观”公益调查，主持人：徐世勇教授、博导，中国人民大学劳动人事学院人力资源开发与评价中心主任；李超平教授、博导，中国人民大学公共管理学院人才与领导力研究中心主任；猎聘人才与组织发展研究院。

以将生产的前端与后端环节数据汇集在一个统一的数据平台上，使得产能能够依据市场数据灵活调整；在销售端，用工企业可以通过客户数据的精细化管理来进一步提高销售工作的准确性；在研发端，用工企业一方面可以通过数字化方案建模评估，另一方面可以通过数字平台让用户参与产品研发（如在产品上市前提前给予反馈），降低产品研发成本与市场试错成本。数字化技术对企业的影响还在不断展现。在人力资本方面，数字化使得用工企业能够前所未有地实现更灵活的用工方式，降低因为员工过剩而产生的劳动力成本浪费或因为员工不充足而产生的劳动力成本溢价。与此同时，以阿里、美团、滴滴等数字经济巨头为代表的新型服务业替代传统服务业，同样亟须更为灵活的用工方式与更为专业的人力资服务供应。综合我国当前政策动向、经济发展、社会环境，以数据为基础的数字技术已经逐步融入各行各业发展过程中，越来越多的行业在被数字技术打破边界，产生新的商业模式，而新的商业模式又随之重塑居民衣食住行，形成数字经济，最终影响政策制定，因此，我们认为，以数据为核心的技术发展是未来灵活用工市场四股宏观驱动力中最为根本的基础驱动力。

二　灵活用工微观驱动力：逻辑回归模型

宏观驱动力塑造灵活用工市场，但当所有企业都处在相似的外部环境中、面临同样的外部威胁（如新冠肺炎疫情）时，并不是所有企业都在使用或都不使用灵活用工。哪些因素才是用工企业选择使用灵活用工的直接驱动力？作为用工企业应对社会、政策、经济环境、技术带来的不确定性的有效战略，灵活用工是企业提高综合竞争力的核心关键之一，主要在于它帮助企业建立或提高应对危机或不确定性的柔韧性。在波诡云谲的国际政治与商业市场环境下，在以信息技术为代表的第四次技术革命带来的诸多挑战下，在2020年席卷全球的新冠肺炎疫情冲击下，通过灵活用工建立企业的人力资本柔韧性对企业走出危机至关重要。

在本次企业问卷中，我们也调查了用工企业预期新冠肺炎疫情对企业在2020年经营结果的影响。我们发现，如图7－1所示，稳定使用或扩大使用灵活用工规模的企业里有17.42%预计2020年的营业收入将会增加，14.61%预计营业收入不变，45.51%预计营业收入将下降。与之形成对比的是，没有使用灵活用工的企业或缩减使用灵活用工规模的企业中，超过57%的企业认为2020年营业收入将会有一定程度的下降，11%左右的企业认为影响不大，仅分别有13.38%与8.13%认为营业收入将会上升。对此，稳定或扩大使用灵活用工规模的企业展示出灵活用工可能为用工企业起到特殊时期保护伞的作用。

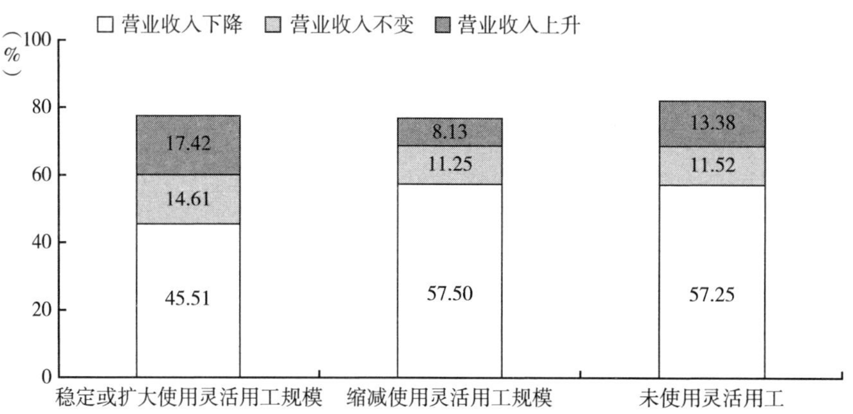

图7－1　灵活用工规模与疫情对企业经营的影响

因此，当用工企业都处在相近的宏观环境下时，其自身的直接驱动力有哪些就变得尤为关键。正如企业高阶（Upper Echelons）理论所指出的（Hambrick & Mason，1984），企业自身的特质是企业战略选择与绩效结果的关键。我们在本章节将通过引入在前述章节中所分析并呈现的企业基本特质，具体包括企业成立年限、所在地、行业、规模、性质、业务范围、是否平台型企业、在行业中的相对地位，以及数字化转型程度，来抽象建立灵活用工驱动力模型，再通过模型来测算企业众多特质中，究竟有哪些要素对企业使用灵活用工规模这一战略决策产生影响，以及产生了什么样的影响。最终，我们的建模目标是通过估计企业使用灵活用工的可能性（概率），为企业界提供一个简便的灵活用工参考建议。

由于我们的灵活用工规模变量（结果变量）包含“企业应当稳定或扩大、缩减使用灵活用工规模及不使用灵活用工”这三个类别，也即我们目标预测的因变量为类别变量，因此多元逻辑回归模型是合适、可靠的建模方法。随后，我们将依次介绍因变量与自变量在模型中的构建、模型比较筛选，以及最终模型的解读。值得注意的是，模型最终使用的变量受本次调研的局限性影响，一个准确、稳定的预测模型还需要在未来几年不断调研、持续测算、反复修正。

（一）模型因变量：多元逻辑回归公式构建

在建模过程中，我们所采用的多元逻辑回归模型对观测数据 i 的预测结果为 k 的概率预测函数如下：

$$f(k,i) = \beta_{0,k} + \beta_{1,k}\chi_{1,i} + \beta_{2,k}\chi_{2,i} + \cdots + \beta_{M,k}\chi_{M,i}$$

其中，$\beta_{M,k}$ 代表回归系数，表示第 m 个观测变量对第 k 个结果的影响有多大，例如企业规模大小对企业是否使用灵活用工这一结果的影响有多大。$\beta_{M,k}$ 将通过最大后验估计（MAP）来计算。多元逻辑回归又包含多元无序与多元有序逻辑回归，有序模型将因变量的多个分类依次分割为多个具有可比意义的二元分类逻辑回归，比如预测城市综合竞争力为低、中、高三类，那么这三类每一类都是二元分类（是或否），且三组彼此之间有比较意义。有序模型的前提是满足平行性检验，也即在不同等级因变量模型中的自变量系数 $\beta_{M,k}$ 保持不变，只有常数项会改变。如果平行性检验不能通过，可以采用多元无序逻辑回归（本章模型）进行分析。

对企业使用灵活用工规模这一结果变量来说，实际包含三层逻辑。

①使用灵活用工，且规模稳定或扩大中（*P1*）。

②使用灵活用工，但规模缩减中（*P2*）。

③不使用灵活用工（*P3*）。

其中，*P1*、*P2*、*P3* 均为二元分类变量，即当值等于 1 时为是，值等于 0 时为否。如前所述，多元有序逻辑回归的关键假设是拆分后的三个二元回归自变量系数（β_i）相等，仅常数项不等。以上述 *P1*、*P2*、*P3* 为例，对 n 个自变量拟合 2 个模型（拟合累加模型），因变量有序取值水平的累计 Logistic 模型如下：

$$logit\ P_1/(1-P_1) = logit\ P_1/(P_2+P_3) = \alpha_1 + \beta_1\chi_1 + \cdots + \beta_n\chi_n$$

$$logit\ (P_1+P_2)/(1-P_1-P_2) = logit\ (P_1+P_2)/P_3 = \alpha_2 + \beta_1\chi_1 + \cdots + \beta_n\chi_n$$

我们将结果变量 *Y* 命名为灵活用工规模，该结果变量包含三个类别：使用且稳定或扩大灵活用工规模（*Y1*），使用但缩减灵活用工规模（$Y2$），不使用灵活用工（$Y3$）。也即：

$$logit\ 灵活用工规模 = \beta_0 + \beta_{1,k}\chi_{1,i} + \beta_{2,k}\chi_{2,i} + \cdots + \beta_{M,k}\chi_{M,i}$$

而无序多元逻辑回归则将因变量的某一个水平为参照值，在此是随后，我们将“企业灵活用工规模”中的“不使用灵活用工”这一水平作为参照水平构建多元无序逻辑回归模型，其他水平与之相比，建立出 2 个广义逻辑模型，且 $P(Y1)+P(Y2)+P(Y3)=1$。

（二）逐步筛选法确定模型自变量

下一步则为筛选自变量 X。综合访谈素材与企业问卷结果，我们选择了 10 个变量做建模自变量初步筛选，包括企业成立年限、企业所在地、行业、企业规模、企业性质、是否平台型企业、业务范围、发展阶段、在行业内的相对竞争地位、数字化转型在行业中所处地位（变量类型、赋值说明见表 7－1）。

表 7－1　建模时使用的自变量介绍

变量名	解释	变量类型	赋值
因变量			
灵活用工规模	企业正在使用的灵活用工规模/程度	分类变量	1 = 在使用，规模稳定或扩大中； 2 = 在使用，但已缩减使用规模； 3 = 没有使用
潜在自变量			
企业成立年限	企业成立年份至今的总年限	连续变量	2020 年减去企业成立年份所得值

续表

变量名	解释	变量类型	赋值
潜在自变量			
企业所在地	企业总部所在地域	分类变量	1 = 沿海发达地区； 2 = 非沿海发达地区
行业	企业核心业务所在的行业	分类变量	1 = 制造业； 2 = 现代服务业； 3 = 传统服务业； 4 = 其他
企业规模	基于企业目前自有员工总人数的规模	分类变量	1 = 大型企业（1000 人及以上）； 2 = 中型企业（300 ~ 1000 人）； 3 = 小微企业（0 ~ 300 人）
企业性质	企业控股权	分类变量	1 = 国有企业； 2 = 民营企业； 3 = 外资/港澳台企业； 4 = 其他
是否平台型企业	是否为不同用户群体提供可交换价值的界面/平台	分类变量	1 = 是； 2 = 否
业务范围	业务范围所覆盖的地域	分类变量	1 = 仅有本市； 2 = 内地多省市； 3 = 港澳台及海外
发展阶段	企业当前所处发展阶段	分类变量	1 = 初创期； 2 = 成长期； 3 = 扩展期； 4 = 稳定发展期； 5 = 转型期
在行业内的相对竞争地位	与同行业竞争对手相比，企业在行业内的相对竞争地位	分类变量	1 = 比对手更好； 2 = 与对手相当； 3 = 不如对手； 4 = 不清楚
数字化转型在行业中所处地位	与同行业竞争对手相比，企业数字化转型程度在行业内的相对地位	分类变量	1 = 领导者； 2 = 快速追随者； 3 = 缓慢采纳者； 4 = 观望/怀疑者

我们采用逐步筛选法（Stepwise）来对比当不同自变量进入模型后模型的拟合情况，通过比对模型的拟合结果、模型拟合优度检验、似然比检验结果与参数估计结果来综合判断模型拟合情况，从而获取最优拟合模型，得到对结果变量最具有影响力（最重要）的自变量集。随后，我们通过最大似然比检验，依据变量在步进时对模型的改进程度将模型自变量进一步精简为如下4个：企业所在行业、企业规模、是否平台型企业、在行业内的相对竞争地位。

（三）建立灵活用工模型

基于逐步筛选法得到的变量（Y = 灵活用工规模；X = 企业所在行业，规模，是否平台型企业，在行业内的相对竞争地位），我们再次运行多元无序逻辑回归模型（结果参考表7－2），并依次检查模型拟合结果、似然比检查结果，以及参数估计结果，并基于参数估计结果生成灵活用工驱动力模型。

表7－2　灵活用工规模预测参数估计结果

B1 贵公司是否正在使用灵活用工[a]		B	Std. Error	Wald	df	Sig.	Exp (B)	95% Confidence Interval for Exp(B)	
								Lower Bound	Upper Bound
1.00	截距项	－1.295	0.455	8.096	1	0.004			
	［规模＝1.00］	0.785	0.26	9.1	1	0.003	2.193	1.317	3.654
	［规模＝2.00］	0.393	0.267	2.168	1	0.141	1.482	0.878	2.502
	［规模＝3.00］	0[b]	.	.	0	.	.	.	.
	［行业＝1.00］	－0.872	0.352	6.134	1	0.013	0.418	0.21	0.834
	［行业＝2.00］	－0.561	0.261	4.613	1	0.032	0.571	0.342	0.952
	［行业＝3.00］	－0.267	0.333	0.643	1	0.423	0.766	0.399	1.47

续表

B1 贵公司是否正在使用灵活用工[a]		B	Std. Error	Wald	df	Sig.	Exp (B)	95% Confidence Interval for Exp(B)	
								Lower Bound	Upper Bound
1.00	[行业 =4.00]	0[b]	.	.	0	.	.	.	.
	[是否平台型企业 =1]	0.65	0.267	5.932	1	0.015	1.916	1.135	3.233
	[是否平台型企业 =2]	0[b]	.	.	0	.	.	.	.
	[相对竞争地位 =1.00]	1.027	0.44	5.435	1	0.02	2.791	1.178	6.616
	[相对竞争地位 =2.00]	0.541	0.438	1.524	1	0.217	1.717	0.728	4.051
	[相对竞争地位 =3.00]	1.001	0.489	4.184	1	0.041	2.72	1.043	7.096
	[相对竞争地位 =4.00]	0[b]	.	.	0	.	.	.	.
2.00	截距项	-1.347	0.424	10.117	1	0.001			
	[规模 =1.00]	1.099	0.283	15.114	1	0	3.002	1.725	5.225
	[规模 =2.00]	0.82	0.279	8.644	1	0.003	2.271	1.314	3.924
	[规模 =3.00]	0[b]	.	.	0	.	.	.	.
	[行业 =1.00]	0.396	0.339	1.37	1	0.242	1.486	0.765	2.887
	[行业 =2.00]	-0.109	0.294	0.138	1	0.71	0.896	0.503	1.596
	[行业 =3.00]	0.404	0.35	1.331	1	0.249	1.498	0.754	2.978
	[行业 =4.00]	0[b]	.	.	0	.	.	.	.
	[是否平台型企业 =1]	-0.404	0.329	1.51	1	0.219	0.668	0.351	1.272
	[是否平台型企业 =2]	0[b]	.	.	0	.	.	.	.
	[相对竞争地位 =1.00]	-0.111	0.396	0.078	1	0.779	0.895	0.412	1.945
	[相对竞争地位 =2.00]	0.251	0.376	0.446	1	0.504	1.285	0.615	2.686
	[相对竞争地位 =3.00]	-0.088	0.459	0.036	1	0.848	0.916	0.372	2.254
	[相对竞争地位 =4.00]	0[b]	.	.	0	.	.	.	.

注[a]：The reference category is：3.00.

注[b]：This parameter is set to zero because it is redundant.

最终，基于多元无序逻辑回归方法，我们得到的企业灵活用工驱动力模型为：

$logit$(灵活用工稳定或扩大使用规模) = -1.295 + 0.785(大型企业 = 1) +0.393(中型企业 = 1) -0.872(制造业 = 1) -0.561(现代服务业 = 1) -0.267(传统服务业 = 1) +0.650(平台型企业 = 1) + 1.027(比对手更好 = 1) + 0.541(与对手相当 =1) + 1.001(不如对手 = 1)

括号内变量值 =1 代表如果括号内变量成立（真值），则值为1，反之则为0。比如（平台型企业 =1）代表如果企业为平台型企业，则该变量等于1，再与对应系数“0.650”相乘参与模型计算。如果企业不是平台型企业，则该变量 =0，乘以对应系数后该项在模型中也相应为0。所有驱动变量值代入后的方程结果代表对结果可能性的预测，当方程结果值大于0.5时，说明预测的因变量可能发生，小于0.5则说明对应的因变量可能不发生。

需要警惕的是，该模型对于企业是否选择稳定或扩大灵活用工使用规模的概率估计更稳健，而对企业是否应当缩减灵活用工使用规模的概率估计较弱（因此这里没有给出对企业缩减使用灵活用工使用规模的逻辑回归结果公式），对企业是否应该缩减灵活用工使用规模的概率测算不足可能是因为需要更长久的观察期和更多的观测对象。

（四）模型结果解读

我们的结果显示，企业规模、行业、是否平台型企业、在行业内的相对竞争地位是企业使用灵活用工概率的关键驱动因素。逻辑回归模型的结果主要包含两个部分：影响方向（正向影响或负向影响）以及对结果发生概率的影响程度。影响方向可以通过表7－2中的“B”值列（左数第二纵列）读取，结果见表7－3；影响程度我们采用了逻辑回归解读中常用的优势比值［表7－2中的Exp（B）列］来具体解读。

表7－3　灵活用工驱动力影响方向

驱动力	影响方向结果概述
企业规模	规模越大,越可能稳定或扩大使用规模
是否平台型企业	平台型企业更有可能稳定或扩大使用规模
行业	传统服务业稳定或扩大使用规模的概率低于制造业与现代服务业
相对竞争地位	相对竞争地位更高更可能稳定或扩大使用规模

企业规模。企业规模相关的结果显示，企业规模越大，企业稳定或扩大使用灵活用工规模的概率越高。在其他驱动因素都相同的条件下，相较于小微企业，大型企业使用灵活用工的概率会增加1～2倍。其中，稳定或扩大使用灵活用工规模的概率增加1.19倍，缩减使用灵活用工规模的概率则增加2倍。中型企业的结果在统计上并不显著，但影响方向与大型企业一致。在古典经济学理论中，企业被认为是一个静态的、技术性的生产函数，生产或生产成本决定企业规模，企业规模的扩大可以大量减少采购成本和销售费用，增强企业承担亏损和抗风险的能力，为企业带来规模经济或规模效应，使企业更具有相对竞争优势。而企业想要实现规模效应也离不开人才供应，进而产生大量人才需求。因此，与此前第三章灵活用工市场现状的分析相呼应，企业规模越大，越有可能使用灵活

用工。

是否平台型企业。平台型企业更倾向于稳定或扩大使用灵活用工规模。当企业是平台型组织时，该企业稳定或扩大使用灵活用工规模的概率是非平台型企业的1.92倍。同样，与第四章分析相一致，尽管这次调研并没有触及阿里、滴滴、美团等巨头平台型企业，平台型企业稳定或扩大灵活用工规模的可能性依然超出非平台型企业近1倍。

行业。行业结果的分类包括制造业、现代服务业、传统服务业和其他行业。以其他行业为参照系，当企业隶属制造业时，该企业稳定或扩大使用灵活用工规模的概率减少41.8%；当企业为现代服务业时，该企业稳定或扩大使用灵活用工规模的概率将减少57.1%。相较于制造业与现代服务业，传统服务业稳定或扩大使用灵活用工规模的概率更低。但需注意的是，即使在模型调试后，行业的结果相对也并不够理想，主要原因可能在于参照系包含的行业较多元以及本次样本在行业上相对较分散，使得关于行业的结果有一定的不明朗性，这点需在未来调研中改进优化。

在行业内的相对竞争地位。结果显示，企业在行业内相对竞争地位更高或更低都会提高企业稳定或扩大使用灵活用工规模的概率。与同行业规模、资源、年限相当的竞争对手相比，业绩比竞争对手更好的企业稳定或扩大使用灵活用工规模的概率会提高1.79倍，而业绩不如竞争对手的企业稳定或扩大使用灵活用工规模的可能性则会提高1.72倍，而业绩与竞争对手持平的企业，其结果在统计上不显著。这可能说明，比竞争对手地位更高的企业可能会通过采取包括灵活用工合作在内的一系列方式来维持或进一步增加自己的相对优势，提高经营业绩，而比竞争对手地位更低的企业则同样希望通过灵活用工这一人才合作方式来改善自己的经营绩效。也即在相对不稳定态时，用工企业可能更希望通过进一步稳定或扩大使用灵活用工规模来获取人才优势，保持或改善自己在行业内的相对地位。

第八章
灵活用工的未来发展方向

当前我国使用灵活用工的企业已经超过了55%，未来随着企业生产组织方式的变革、数字化技术的发展、市场环境的变动和社会分工的精细化，灵活用工涉及的企业范围、人员规模很有可能进一步扩展，传统的标准化的雇佣方式将逐渐被弹性化、市场化的用工方式取代。从本次课题的调研情况看，用工市场化、服务专业化、管理数字化，正在成为我国灵活用工的重要发展方向。

一 用工市场化

所谓“用工市场化”，是指雇佣组织通过专业的人力资源服务供应商、平台、经销商或其他第三方机构，或通过直接与劳动者建立短期合作的方式，在全社会范围内综合配置劳动力资源，最终实现企业劳动产出的最大化和用工成本的最小化。在市场化用工方式中，企业获取人才的方式，实现了从“为我所有”到“为我所用”的转变。企业不必再一味追求与劳动者建立标准化的、稳定的雇佣关系，而是可以根据发展阶段、业务规模、项目周期等方面的变化，与劳动者建立更为灵活、多样的合作方式。市场化用工可以根据企业发展需要和业务变化，综合调用人力资源服务公司、其他第三方（如公会、加盟商、代理商、网红公司等）及社会上各类潜在的劳动力资源，有助于优化资源配置、提高生产效率、降低企业生产成本、增强企业综合竞争力。

快速扩张的互联网企业对市场化用工的需求尤其强烈。这类企业往往需要在短期内快速抓住商机，但自身远不具备相应的招聘和管理能力；这类企业往往在全国多个城市寻求扩张、布点，但在各城市注册分公司、成立人力资源部门也不现实，招聘、考勤、社保公积金缴纳都是摆在企业面前的大难题。人力资源服务供应商在优化社会资源配置和促进企业发展方面的价值，在此类业务场景中就得以充分体现。

首先，人力资源服务供应商可以依托其专业化的招聘团队、数字化的招聘平台、多元化的获客渠道、多城市的服务网络，为企业提供快速、批量、属地化的人员招聘服务。专业人力资源服务供应商往往可以极大缩短企业的招聘时间。单靠企业自身的人力资源服务部门和常规招聘流程，显然难以满足企业快速增长的用工需求，甚至可能因人员供给跟不上而贻误商机。

> 最简单的一个例子就是 MB（共享单车）。他快速发展的时候，你想，全国 150 多个地方招人，一个月就招五六百人，可能十几个城市，半年之内 150 多个城市，4000 ~ 5000 人给他招的，他自己去做这个业务，你想，他的成本有多少？他全国要布几百个人力资源的人，他们要单独成立，财政费、住宿费之类的得花多少钱？再一个，他们有这个能力去招聘吗？还

是招不到他们的人，是不是？那我们全国网点都有，所以我们在他们快速发展的时候（给他们）提供了人员的招聘管理之类的（业务）。（访谈编号：LHYG37）

其次，当用工企业面临业务调整时，人力资源服务供应商可以将劳动者转移到其他服务项目中。人力资源服务供应商同时服务于多个企业，因此，其扮演的角色类似于调剂各企业用工的社会平台。各个企业的用工规模可以弹性增减，避免人员冗余或不足；劳动者的就业机会也在一定程度上得以扩展。

最后，人力资源服务供应商为用工企业搭好标准化的“人事管理流程”，提供专业的人事管理服务。互联网企业在快速扩张的过程中一般难以在短时期内形成成熟的人事管理流程和经验，而供应商则可以依托其长期在人力资源服务领域的积淀，根据企业的生产实际和业务流程，帮助企业理顺人事管理流程，制定规章制度，搭建管理架构，并借助其专业化团队和数字化平台，为企业提供培训、入职、离职、请休假、加班、考勤、薪酬核算、社保公积金缴纳、沟通反馈等方面的管理和服务。比如，在人员正式上岗之前，为确保企业生产有序、操作规范，人力资源服务供应商配合企业的业务技能培训，对员工进行企业文化、规章制度、职业素养、职业通用技能等方面的培训；在员工入职后，人力资源服务供应商又要协助企业做好人员稳定、保留存方面的工作。总之，快速批量的招聘为快速扩张的互联网企业提供了生产运营的前提条件，但此类企业的高效产出和平稳运行，还需要依托一整套专业细致的人事管理流程。人力资源服务供应商在此类企业的市场化用工中提供了招人和管人的系统化服务。

> （问：这里面一系列的流程和制度都是你们出的?）全是我们出的。就是我们理过，企业的人力资源管理你要管得细，每一个触达跟员工接触的节点你都干预得到位的话，至少有41个节点上面你要很注意，我们都可以细节到这种程度。（访谈编号：LHYG39）

项目化、季节性用工企业同样对市场化用工有强烈需求。制造业订单的波动，电商、旅游、餐饮、酒店、交通运输、仓储物流等服务业在节庆与非节庆、淡旺季业务的变化，使得季节性用工特征明显。而建筑、房地产、IT等行业则不同程度地存在项目化用工需求。当企业出现项目化、季节性用工需求时，同样有可能需要依托人力资源服务供应商或其他第三方快速批量的招聘能力，部分企业还希望供应商提供流程化的人事管理服务；而在项目或业务高峰期结束时，供应商又可发挥其社会平台调剂用工的作用，将劳动者转移到其他服务项目中。通过人力资源外包实现项目化、季节性用工，也可以为企业提供有效的人才储备，扩展其人才梯队，因为企业可以将业绩表现好、专业技能过硬、综合素质强的外包员工转为正式员工。当然，项目化、季节性用工也可以通过业务外包来解决。

将用工方与闲散劳动者组合起来，是市场化用工的另一种应用场景。闲散劳动者有可能与用工方自主建立劳务合作或签订非全日制劳动合同，也有可能通过人力资源服务公司与用工方建立合作关系。而通过数字化平台实现劳动的供需匹配，则是近年来更为常见的组合方式。这里的劳动既包括外卖、网约车中技能、技术程度不高的工作，也包括设计、研发、医疗问诊等专业性、技术性相对较高的工作。

市场化用工的第四种应用场景为企业与高级人才之间的合作。当企业面临某项新型业务或研发项目时，可能需要借力外部专家的专业知识与视野，但又难以承担长期雇佣的成本；外部专家也不愿被固定的劳动合同束缚，双方往往都倾向于项目化合作或短期合作的方式。当前此类市场化用工的另一大难点在于，企业通过自身的人力资源部门或社会关系网络，可能找不到对口合作的高级人才。一些专长于猎聘业务的人力资源服务公司，可以提供高级人才寻访方面的服务。

借助第三方渠道销售产品或开展其他业务，也是市场化用工的一种典型形式。比如，国内某新能源汽车品牌，只在一些业务量大的区域建立自己直营的门店，约2/3的门店来自经销商。经销商门店所需投入相对较小，因此，在销售业务量相对有限的地区，是一种相对经济的做法。① 同样，某个专门给企业提供微信加密服务的软件公司，自身并无销售团队，销售业务全都借助各省的经销商推展。② 在医药行业，一些生产特殊用药的医药企业在患者相对集中的城市，自己布局患者管理的线下团队；而在患者人数相对有限的情况下，则将此类业务外包给专门从事患者管理的公司。外包公司

① 访谈编号：LHYG11。

② 访谈编号：LHYG23。

由于可以在一个城市同时承接数个医药公司的患者管理业务，并且能将相关业务流程做精做细，因此，相比于医药企业来说，其经济效率更高。而在一些患者较少、地理位置相对偏远的地区，医药企业则通过外包公司对这些地区基层医院的护士进行培训、赋能，由基层医院护士给患者提供兼职的管理服务。[①] 总之，销售、患者管理等渠道共享，也是企业市场化用工的表现形式，在保证业务正常开展的前提下有效节约了投入成本。

小微企业雇用兼职的 HR、财务、法务等，是市场化用工的另一种典型形式。小微企业固然可以由企业管理层兼任上述职务，但很容易陷入操作不规范的境地；在相关岗位上专门雇用一个人，在经济上又不合算，多个小微企业雇用一位兼职人员是比较常见的做法。比如，当小微企业从人力资源服务公司雇用一位兼职 HR 时，其获得的不仅是 HR 专业的管理能力，也有可能同时获得供应商提供的人力资源管理系统（如 SaaS 系统）。在浙江宁波中小微企业集中的写字楼中，一家或若干家专业的人力资源服务公司在楼宇中设立专门的办公地点，为楼内各家中小微企业提供服务，提升中小微企业的人力资源管理效率。[②]

综上所述，用工市场化有助于雇佣组织在全社会范围内综合配置劳动力资源，最终实现企业劳动产出的最大化和用工成本的最小化。市场化用工若与专业化的人力资源服务、数字化的系统管理相结合，则可进一步优化劳动力资源配置、提升企业生产效率。

① 访谈编号：LHYG07。

② 访谈编号：LHYG30。

二 服务专业化

我们可以从两个维度解析灵活用工服务的专业化趋势：纵向历史发展的维度和横向社会分工的维度。

我们可以以上海市 2014 年以来人力资源服务业相关业务营业额的变化来说明我国灵活用工服务的专业化历史发展趋势。上海市作为我国的经济、科技、对外贸易、金融中心，社会分工的精细化程度最高，灵活用工服务的专业化程度也走在全国前列，因此，其发展走向在一定程度上可作为我国灵活用工服务的未来趋势。从总营业额看，上海市人力资源服务业是逐年发展壮大的，2019 年营业额超过 5000 亿元，是 2014 年的 2 倍以上，这说明企业使用灵活用工的范围和程度在逐年扩大和加深。劳务派遣作为人力资源服务行业的传统业务，自 2014 年以来总体没有增长，2019 年相比 2018 年甚至有较大幅度的下降。而专业化服务程度相对较高、收费也相对较高的人力资源外包业务总体呈逐年增长趋势，2019 年的营业额超过 3200 亿元，是 2014 年的将近 8 倍，可见增长是惊人的，这说明上海灵活用工服务的专业化水准有了较大程度的提高。其他如人才培训、人力资源软件、人力资源管理咨询、人力资源金融的营业额也呈现明显的增长态势；猎头、招聘、人才测评的营业额总体有增长，但近两年有下降趋势。总体而言，人力资源服务业和灵活用工市场发展较快，人力资源服务业的业态逐渐多元化，灵活用工服务的专业化水准有较大提升。

表 8－1　上海市人力资源服务业相关业务营业额的变化

单位：亿元

	2014 年	2015 年	2016 年	2017 年	2018 年	2019 年
总营业额	2224.23	2634.31	2901.47	3658.37	4475.77	5027.70
劳务派遣	1769.69	1573.56	1719.86	1967.93	2141.24	1375.49
人力资源外包	407.56	952.90	977.03	1404.06	1965.99	3202.29
猎头	21.78	29.48	53.84	75.49	80.23	76.94
招聘	15.87	40.01	67.36	81.99	72.66	68.50
人力资源管理咨询	—	23.16	35.12	45.12	42.77	46.77
人才培训	4.70	6.90	14.86	22.75	25.25	28.78
人才测评	—	3.30	6.23	7.69	7.07	5.84
人力资源软件	—	—	13.60	16.13	21.90	39.83
人力资源金融	—	—	—	23.14	118.66	183.26[①]
其他	4.63	5.61	13.14	14.07	—	

注：上海人才服务行业协会提供的数据中，未专门列出 2019 年“人力资源金融”的营业额数据，应该归入了“其他”一项中。

当前我国的人力资源服务行业的发展总体仍处于比较基础的阶段，是人力资源服务机构和协会的共识。人力资源服务机构之间服务同质化、低价竞争的现象比较严重，规避社保缴纳责任、克扣劳动者待遇、合同不规范、遇到重大事故或劳动争议跑路、赚“人头费”、以“校企合作”之名牟利、靠关系获取业务、违规经营等现象仍然广泛存在。但从收集的数据和案例看，部分人力资源服务机构已经实现从“吃政策饭”到“吃专业饭”、从人力资源搬运工到提升赋能的平台、从供给低层次人才到挖掘培育各层次人才的转变；这些机构注重对人力资源服务产品的研发，注重规范服务流程，注重服务的效率与质量。因此，从纵向历史发展的维度看，当前我国的灵活用工服务虽然总体上处于比较基础的阶段，但专业化服务逐渐增多。

从横向社会分工的维度看，以人力资源服务业为代表的现代服务业的发展，使得企业可以更专注于自身的主营业务，将部分职能剥离出来，相关事务交由外部的专业团队打理。在传统企业中，人力资源、财务、法务、市场营销、行政、品质、研发、市场等部门往往一应俱全。在我国计划经济时代，企业的边界更广，“企业办社会”的现象广泛存在于国有企业中，企业承担了教育、医疗、住房、养老、生活服务等方面的职能。市场化改革逐渐剥离了不属于企业的社会职能。而在当前的社会专业分工中，传统企业与市场的边界被打破，人力资源、财务、法务等职能不再是企业的标配。越是在经济发达、产业集群程度高的大城市，专业分工越精细，人力资源、财务、法务等机构同时服务的公司就越多，规模效应就越强，围绕生产性企业的服务水准就越有可能不断得以提升。

就人力资源服务而言，外部人力资源服务公司相比企业内部的人力资源管理部门，面对的客户群体明显更多，接触的人力资源管理方面的问题更为复杂、多元，实战经验往往更为丰富，业务流程往往更加细致，解决问题的方案往往更具系统性和技术性，团队内部分工协作往往更为周密。人力资源服务公司的专业化优势主要体现在三个方面：长期从事某一类业务或某些岗位的服务；以专业化的团队为支撑；数字化系统提高管理效率。

在我们访谈的人力资源服务公司中，R 公司长期以客服、电话运营、内容审核、标签标准类岗位的人力资源外包为主营业务。岗位、业务的集中，使 R 公司具备非常明显的专业优势。比如，在招聘业务中，R 公司储备了大量相关岗位人才的简历库，在岗位营销、简历筛选、现场宣讲、面试甄选等方面的招聘流程中也更为驾轻就熟；在培训业务中，R 公司因为比较熟悉相关岗位工作内容、技能模块，有条件提供系统性、层级化的技能培训，并对职工的任职资格进行考核评价。值得一提的是，人力资源服务公司在特定岗位上的系统性的技能培训和技能认证工作，对于解决我国现阶段的技能形成难题具有非常重要的意义。当前我国的行业协会在技能培训和认证中总体处于缺位状态；政府因离企业生产业务较远，在技能培训中参与有限，并逐步从技能认证中退出；企业对技能培训这个准公共产品的供给兴趣比较有限（员工获得技能后可能跳槽或被挖到其他企业），也难以承担起技能认证的准公共职能。人力资源服务公司如果长期管理大规模特定岗位的从业人员，相当于既具备了行业协会的管理职能；又了解相关岗位、行业的生产实际，最适合承担技能培训的职能；还具备以第三方机构承担职业技能等级评价这项准公共权限的可能性。

CI 公司则在高级人才寻访方面积累了丰富的经验。CI 公司首先将领域不断细分，将其长期开展业务的 18 个行业/领域进一步细分为 250 多个板块，每一个板块由专门的人员跟进。比如，在医疗健康领域，其业务可以细分为制药、医疗器械、个体化医疗、基因检测、数据统计等多个板块。其次，CI 公司与相关领域人才比较集中的机构建立好联系渠道或关系网络。

如果从临床的角度来讲实验室化学的话，国内可以满足，但是对于数理统计的话我们都要跟英国、美国（大学）合作，因为它们几乎都是博士，几乎都要的是统计最牛的。（问：你是在英国、美国有 base，还是说你去跟分公司合作?）都不是，那是我 10 年前自己建的渠道。当时很简单，就是你招了几个小海归回来，你就跟他说，你通过你的关系让你的师弟师妹帮我继续在你们的网上发布，可能发布时间长了，老师老看见，说我们有一个老师想问问您有没有长期合作（意向）。我们跟（很多国家）包括瑞典的大学都有很好的合作，那个是我自己去联系的，时间一长，你就把传统的渠道建立起来了。（访谈编号：LHYG35）

人力资源服务公司在深耕某一项业务或某些类型的岗位时，背后也有一支专业化的团队和完善的组织体系做支撑。比如，R 公司设有专门的外包招聘部门，承接发包单位的招聘项目。外包招聘部又分为数据运作、电营中心、项目执行三个小部门。数据运作部负责岗位营销、简历筛选工作；在获取求职者信息后，电营中心会与求职者进行电话沟通，与之维护好关系，确保求职者参加面试；最后，项目执行部会在现场进行宣讲、答疑、面试等方面的工作，并尽快反馈面试结果。

在基础人事管理、员工关系管理等日常工作中，R 公司专门配置了驻巡场 HR、项目经理、社保专员/经理、薪酬专员四个角色，每一个角色都有明晰的分工和绩效考核制度，以确保日常管理工作的效能和准确性。针对外包员工，R 公司设立了系统平台自助查询、驻巡场 HR、集团客服部三级问题解决机制；针对发包单位，R 公司则设立项目经理、外包总监、集团业务管理部三级问题解决机制。

在用工风险管控方面，与其他专业人力资源服务公司一样，R

公司设有专门的法务部。法务部会帮助相关部门预防把控员工端招聘录用、社保缴纳、工伤工亡等方面的风险，并防范控制客户端因不规范操作、资金链断裂等而引发的劳动争议风险；一旦发生劳动争议，法务部又可凭借其业务经验和法律知识，参与到调解、仲裁、诉讼程序中。

三 管理数字化

当前我国灵活用工管理数字化有两个最重要的表现：①平台在匹配劳动供需、管理众包工作方面发挥至关重要的作用；②数字化在人力资源服务公司的招聘、基础人事管理等业务中的应用越来越普遍。

当前平台用工已经覆盖网约车、外卖、家政服务、网络直播、医疗问诊、创意设计、货运等多个行业/领域。如前所述，平台对灵活用工的管理主要涉及派单抢单、流量分配、制定薪资规则、监督劳动过程、评分、奖惩等多个方面，第三方（租赁公司、家政公司、加盟/代理商、公会、人力资源服务公司等）则主要配合平台进行线下管理。平台对灵活用工管理的高效率主要来源于数字化技术推动的大数据分析、AI 和算法。

人力资源服务业的管理也越来越多地应用数字化系统。从表 8－1 可知，2019 年仅上海市人力资源软件业务营业额就高达 39.83 亿元。值得注意的是，这个数字还不包括人力资源服务公司自主研发相关软件的投入。人力资源服务机构之间的同质化竞争比较严重，若不在管理技术上进行创新，利润空间只会越来越窄。与此同时，一些大的人力资源服务机构选择自己开发数字化系统，或部分开发、部分购买其他企业的人力资源软件。

当前数字化系统主要在招聘、基础人事管理方面应用。比如，在R公司的招聘过程中，岗位信息发布、简历投递、简历筛选、现场签到、面试结果录入、结果查询等事宜，都可通过招聘数据获取平台和招聘管理平台进行。R公司招聘数据的获取，不仅仅通过招聘网站、小程序、公众号等传统网络途径，更借助抖音、小红书、微博、B站、知乎等网络平台，以“社交裂变”“全民营销”的方式引流。

就基础人事管理而言，R公司的人力资源外包系统平台包括员工门户、客户门户和外包公司门户。外包员工可通过系统平台填写入职信息、上传相关附件、签署劳动合同、申请休假请假加班、查询工资、在线咨询、申请离职等。发包单位则可通过平台审批休假请假加班、查看各类数据、接收人事报表。外包公司则可通过平台进行入离职、合同、考勤、社保公积金、薪酬、档案及报表等方面的管理。当前R公司已经打通了招聘数据获取平台和招聘管理平台，并实现了招聘系统、外包系统、财务结算系统之间的连接。

数字化管理不仅应用于人力资源外包的管理中，在非全日制、劳务合作等灵活用工的管理中的应用也日趋成熟。比如，GY人力资源服务公司早期主要通过数字化系统为中小微企业提供社保代理、薪酬管理等方面的业务。随着中小微企业的成长，其灵活用工需求开始增长，GY公司开发了专门的灵活用工服务系统。客户只需要在系统的前台输入用工需求，系统的业务中台会根据其业务场景匹配相应的灵活用工方案。确定用工方案后，由GY公司与企业签订外包合同。GY 公司再通过其开发的小程序、APP 及其他推广方式，吸引劳动者加入，并与劳动者签订相应的灵活用工合同（如非全日制劳动合同、劳务合同等）。[①]

BY 人力资源服务公司对兼职人员的管理也使用了数字化系统。比如，在餐饮业务高峰期时，BY 公司承揽酒店的灵活用工业务，负责从高校招学生，并在整个过程中负责打卡、发放劳保用品、购买保险、支付劳动报酬等方面的事务。但问题在于，每个酒店需要的兼职人员规模不一，在没有数字化管理系统支持的情况下，BY 公司在各大酒店都需要派专人前去与每个兼职学生对接，耗费大量人力和时间，用工管理成本非常高。

> 有了互联网技术之后，这些问题都可以解决。比如说到了酒店之后学生就打卡，你打卡的时候直接生成了注意事项。比如你要领取劳保用品，这个注意事项里面有一栏就是让你直接去找领取劳保用品的人，不需要找人事经理，直接找领取劳保用品的人领取劳保用品。你手上的这个东西就是你领取劳保用品的凭证，对吧？领取了之后，你就点下一步（打卡成功），打卡成功了之后你就上班。人事经理会在我们后台上直接点名你来上班，你下班之后归还劳保用品，归还好了之后你再操作下一步。好了之后你直接点取提现，比如说八个小时多少钱。比如说你每个人 100 块钱、200 块钱，你直接点提现，马上到你的支付宝或者是到你的微信。并且从你

① 访谈编号：LHYG34。

在注册往那个方向走的时候，比如说我们确定录用你那一刻开始，保险公司就是认可你这个行为了，如果出了问题我们有保险公司赔付。保险公司最怕的是你出了事再来找他投保险，是吧？但是我们不是这样的，我们平台上只要出现了痕迹，我们就是酒店确认录用这个人的时候，保险公司他就给你进行保障的。这就是“科技为人才服务”的重要的案例。（访谈编号：LHYG30）

总之，管理数字化正在成为灵活用工的重要方向。数字化可能给灵活用工管理带来质的提升。第一，数字化极大扩展了灵活用工管理涉及的人员范围和规模。在平台用工中，数字化使得平台上几乎所有的全职或兼职劳动者都要接受系统指令和监管，由平台匹配引发的供需规模和劳动者数量也大幅度增长。在人力资源服务机构的招聘业务中，数字化系统和网络传播能够吸引更多劳动者的加入。而在基础人事管理业务中，数字化系统便利了多城市、多网点的管理。第二，数字化管理节约了企业用人数量和用工成本。在平台系统中，任务分配、劳动过程监督、薪酬结算等几乎都不需要专门的人员。在人力资源外包的基础人事管理业务中，对数字化系统的使用，则减少了企业对 HR 和财务人员的需求。在兼职人员管理中，数字化系统有效减少了人力资源服务公司在打卡、发放劳保用品、购买保险、支付劳动报酬等环节的人员投入。第三，数字化减少了企业灵活用工管理中出错的可能。比如，依托数字化系统，由多城市、频繁入离职带来的社保公积金核算、增员减员问题，都比较容易解决。

四 小结

课题组认为，用工市场化、服务专业化、管理数字化，正在成为我国灵活用工的重要发展方向。

相比传统的标准化雇佣，当前企业市场化用工的应用场景越来越广泛，包括：①处于快速扩张期的互联网企业，这类企业往往招聘能力弱，人力资源体系和管理流程不成熟，跟不上业务发展需求，难以应对多城市布点后招聘、考勤、社保公积金缴纳等问题；②项目化、季节性用工的企业；③平台用工，以及用工方与闲散劳动者组合的其他方式（双方直接匹配，或由人力资源服务机构匹配）；④企业与高级人才之间的合作；⑤借助第三方渠道销售产品或开展其他业务；⑥小微企业雇用兼职的 HR、财务、法务等。在市场化用工方式下，雇佣组织一般通过专业的人力资源服务供应商、平台、经销商或其他第三方机构，或通过直接与劳动者建立短期合作的方式，在全社会范围内综合配置劳动力资源，最终实现企业劳动产出的最大化和用工成本的最小化。企业获取人才的方式，也实现了从“为我所有”到“为我所用”的转变。

我们可以从历史发展的维度和社会分工的维度综合考察灵活用工服务的专业化趋势。从历史发展的维度看，当前我国的灵活用工服务虽然总体上处于比较基础的阶段，部分人力资源服务机构的规范性与专业性不足，但人力资源服务业的业态逐渐多元化，专业化服务逐渐增多；部分人力资源服务机构已经实现从“吃政策饭”到“吃专业饭”、从人力资源搬运工到提升赋能的平台、从供给低层次人才到挖掘培育各层次人才的转变；这些机构注重对人力资源服务产品的研发，注重规范服务流程，注重服务的效率与质量。从社会分工的维度看，外部人力资源服务公司相比企业内部的人力资源管理部门，面对的客户群体明显更多，接触的人力资源管理方面的问题更为复杂、多元，实战经验往往更为丰富，业务流程往往更加细致，解决问题的方案往往更具系统性和技术性，团队内部分工协作往往更为周密。人力资源服务公司的专业化优势主要体现在：长期从事某一类业务或某些岗位的服务；以专业化团队和数字化系统为支撑。

灵活用工管理数字化的趋势也不可忽略，主要表现为：平台在匹配劳动供需、管理众包工作方面发挥至关重要的作用；数字化在人力资源服务公司的招聘、基础人事管理、兼职人员管理等业务中的应用越来越普遍。数字化可能给灵活用工管理带来质的提升，这些影响包括：极大扩展了灵活用工管理涉及的人员范围和规模，节约了企业用人数量和用工成本，减少了企业灵活用工管理中出错的可能。

附　录

案例1　某社交媒体平台灵活用工案例

一　企业介绍与项目合作背景

2009年，某知名社交媒体平台公司（以下简称“W公司”）正式成立，并成为一款为大众提供娱乐休闲生活服务的信息分享和交流平台。自上线以来，W公司一直保持着爆发式增长。2013年，随着移动互联网的全面爆发、4G牌照的发放，用户制作、快速分享短视频的门槛大大降低，在这样的背景下，W公司顺势开启了短视频战略，并于同一时期启动垂直战略。

基于垂直战略，W公司将平台分成50~60个领域，采用“自营+第三方”运营模式，每个领域都有专人负责。在一些深领域如盲童、医生、漫画等领域，W公司均委托第三方运营。在与第三方合作中，W公司提供资源和背书，第三方独立搭建团队、自主运营、自负盈亏，保证平台数据和内容质量。这种“自营+第三方”运营模式传播了大量优质内容，满足了用户对平台的内容诉求。

2017 年，W 公司的短视频和垂直战略取得显著成效，活跃用户规模继续保持快速增长。同时，W 公司通过引入机器学习，重点开发基于用户兴趣的个性化推送和基于社交关系的提醒等手段，老用户回归平台的规模显著扩大。

2018 年左右，移动红利逐渐衰退，市场竞争转变为抢夺现有存量、比拼用户时长，短视频战略越发重要。W 公司决定在视频方面投入更多的精力，集中力量做好这一件事，以视频业务带动其他关联业务。

随着公司战略调整和平台用户规模扩大，W 公司的用工战略也发生变化。W 公司主要的部门岗位是技术研发、产品经理、运营、销售、审核、客服，其中技术研发、产品、运营、销售岗位属于核心部门，涉及商业机密和企业核心竞争力，同时这些岗位的人员稳定性相对较高，更贴合公司的人才发展战略。而审核和客服部门，属于工作重复性较高、用工成本高、人员流失率高的劳动密集型岗位。基于企业战略、用工成本、岗位特点等多方面考量，W 公司决定针对 KPI 相对明确、绩效表现较为清晰、培训成本相对较低的劳动密集型岗位（标签标准、审核、客服）与人力资源服务外包公司合作。通过洽谈，W 公司最终选择了三家人力资源服务外包公司，与之开展业务外包合作，将绝大多数标签标准岗位、60% ~70% 的审核岗位、80% ~90% 的客服岗位交给这三家人力资源服务外包公司，而将更多资源和精力集中到核心岗位。

以标签标准岗位为例，W 公司与人力资源服务外包公司的业务外包合作，对 W 公司的业务发展颇有成效。在引入机器学习的过程中，需要人工提供大体量样本训练机器以实现自动分类，这导致 W 公司对标签标准岗位的用工需求快速增长。但是，该岗位用工存在以下问题：①岗位属于劳动密集型，场地、管理、保险福利等人力成本较高；②岗位门槛较低，员工职业发展与公司人才定位不相匹配，导致招工困难、人员流失率高等问题。

在这种情况下，W 公司决定与某人力资源服务外包公司（以下简称“R 公司”）及另外两家供应商进行合作，解决用工问题。经过沟通了解，双方决定以 BPO 的形式在标签标准岗位展开用工合作。至 2019 年 10 月，W 公司标签标准的外包员工为 600 人，只留下数名自有员工负责标签标准的质检工作。我们将以标签标准为例，介绍 W 公司与 R 公司在灵活用工方面的合作经验，并探讨专业人力资源服务的价值。

二　项目合作经验

（一）精准匹配，管理培训

虽然标签标准岗位门槛较低，但 W 公司对企业员工的定位和要求较高，从事标签标准工作的员工不仅要做好本职工作，而且需按照公司人才发展规划贡献更大的价值，从而导致人岗不匹配。R 公司接手外包后，根据岗位特点，降低招聘门槛（如学历），选择合适人员专门从事标签标准工作，及时解决了招工困难问题。

对于这类员工，R 公司进行了较大力度的培训并优化培训流程，在缩短培训时间的同时保证培训质量。W 公司内部培训可能需要 1 个月，R 公司优化培训流程后，1 个星期就可以使员工达到准确率的要求，半个月实现人效保证。在培训过程中，R 公司与 W 公司互相配合，R 公司向 W 公司申请练习账号，给员工提供模拟后台，员工可按照正常流程操作培训，实现全真练习。

此外，由于该岗位需要的员工偏向年轻化，R 公司根据员工特点，有针对性地开展文化活动、进行员工关怀，比如节假日会以年轻人喜欢的形式营造氛围，如圣诞节会安排组长扮成圣诞老人，给员工发巧克力、平安果。R 公司以各种形式稳定职工团队，每月离职率可控制在 5% 以内，降低了标签标准岗位的员工流失率。

（二）业务外包，降低成本

R 公司与 W 公司采用 BPO 的形式在标签标准岗位展开用工合作，这种业务外包为 W 公司降低了用工成本。之前，位于一线城市的 W 公司使用自有员工从事标签标准工作，需要在一线城市为员工提供办公场地，进行人员管理，承担保险与福利成本，同时，由于企业人才定位，W 公司对标签标准员工的学历要求为本科及以上，这些因素使 W 公司在标签标准岗位上的人力成本高昂；与 R 公司进行 BPO 合作之后，R 公司根据岗位特点降低学历门槛，并给员工提供办公场所、对员工进行管理、承担保险与福利成本，R 公司提供的办公场地大多在用工成本较低的二、三线城市，这些措施为 W 公司极大节省了用工、场地、管理等方面的成本。

（三）业务沉浸，共同成长

R 公司与 W 公司开展 BPO 合作后，R 公司需要给 W 公司交付工作结果，对标签标准质量负责，W 公司主要负责发布或更新工作规则，对交付结果进行质检，在规则变动较大时提供培训，当业务变动时根据岗位调整人力配比等工作，这使 W 公司可以专注于产品运营和技术研发岗位，保证企业核心竞争力。

R 公司在提供服务的过程中，主动贴合业务，帮助 W 公司规避风险。R 公司要求员工每天登陆标签标准的对应平台，主动到平台寻找违规点，找出违规物料，并进行汇总，及时反馈给 W 公司，帮平台规避了被相关部门纠察的风险。另外，面对突发情况如物料有误，R 公司会积极配合 W 公司解决问题，临时通知员工通宵加班为 W 公司挽回损失。

随着合作时间的推移，R 公司与 W 公司共同成长，实现双赢。R 公司给 W 公司提出优化建议，共同搭建了标签标准的体系、后台、规则、操作形式。随着 W 公司的业务需求变化和经营状况向好，2019 年 5 月后，R 公司负责标签标准工作的团队规模不断扩大。基于前期的信任和交付结果，双方的合作规模和合作业务进一步扩大，R 公司目前已开始接手 W 公司的部分审核业务。

三　人力资源服务价值

随着战略调整和业务变动，企业的用工需求呈现多样化，对灵活用工的需求有所增加，而人力资源服务外包公司由于专业优势能为企业解决灵活用工问题，二者的合作可以实现双赢。在本案例中，人力资源服务外包公司对企业的服务价值体现在以下几点。

（一）降本增效

双方采用BPO合作形式，由R公司在用工成本较低的二、三线城市招聘员工、提供场地、进行管理、缴纳社保等，同时，R公司根据岗位特点降低学历门槛。另外，R公司还根据员工特点进行员工关怀，以各种形式稳定职工团队，将每月离职率控制在5%以内，有效缓解了W公司由于业务激增所带来的用工压力，降低了用工成本。

（二）专业外包服务助用工企业聚焦主营业务

R公司积极配合、主动优化流程、提高交付质量，对W公司而言，相当于增加了一个强有力的管理团队。这不仅提升了管理效能，而且让W公司可以专注于产品运营和技术研发岗位，将资源和精力向核心部门倾斜，激发产品研发活力，使W公司在激烈的市场竞争中保持核心竞争力，稳固其内容生产首选社交平台的地位。

（三）相互协作，提升业务能力

R公司与W公司互相配合，共同搭建标签标准规则体系、整理标准案例，提高了培训效率和工作质量，合作深度和广度不断拓展。同时，R公司主动贴合W公司的业务，积极寻找违规点，帮助W公司规避业务风险。另外，W公司与多家人力资源服务外包公司合作，这些人力资源服务外包公司可以借鉴R公司的先进管理经验，进一步提高服务质量和工作效能，从而使W公司的业务水平得到整体提升。

案例2　某银行灵活用工案例

一　项目基本情况

H银行是国内股份制商业银行之一，总部位于南方某省会城市。H银行致力于为客户提供高质量、高效率、全方位的综合金融服务。在北京、天津等境内24个省（自治区、直辖市）和100个地级以上城市及澳门特别行政区设立了40多家直属分行、800多家营业机构。

在用工方面，R公司作为H银行一直以来的合作伙伴，目前为H银行广州、佛山、重庆、北京、沈阳、上海、成都、苏州等地区持续输送优质的人才，且每月输送的人才数量和质量均在所有供应商中位列前茅，KPI考核也一直位列第一，是H银行的战略合作伙伴。H银行信用卡中心的重庆客服中心、重庆电催中心、苏州及成都中心建设时，R公司均为其重点合作伙伴，为其输送了大批量人才，帮助其中心筹建成功。R公司与H银行合作多年，在各个服务项目上均全力支持H银行的业务，包括银行信用卡中心及总部的业务，涵盖岗位外包、业务外包及RPO招聘、培训等。①R公司与H银行的信用卡中心的广州、佛山客服中心合作已经5年多，目前岗位外包人员接近600人，最高峰800人，是银行信用卡中心合作历史最久的供应商之一，更是岗位外包合作规模最大的供应商。在KPI考核中，R公司的考核成绩也是所有供应商中位列第一的。②R 公司同时支持了银行信用卡中心的重庆客服中心的筹建和人员输送，目前岗位外包人员接近 150 人，同样是所有供应商中人员规模最大的，在筹建初期，R 公司 1 天内响应需求，3 天内开始招聘工作，配合 H 银行将重庆客服中心筹建起来。③R 公司同时也支持了银行信用卡中心重庆电催中心的筹建和人员输送，目前岗位外包人员约为 120 人，是其他所有 3 家供应商的岗位外包人员的总和。④R 公司是 H 银行信用卡中心的全国 RPO 供应商，目前服务地区包括广州、佛山、上海、北京、沈阳、重庆、苏州、成都等，服务岗位包括电营岗位（发卡营销员、客维营销员、保险营销员），直营渠道、资管业务（电催、属地催收、客诉），以及组长、经理岗位。R 公司是 H 银行信用卡中心全国服务范围最广、入职人数最多的供应商。⑤R 公司同时也是 H 银行空中理财中心的灵活用工供应商，岗位外包人员最多（250 人），在招聘以及外包服务上给予 H 银行稳定和专业的支持。

二　不同阶段下的企业用工方式

随着 H 银行的发展和壮大，从 2014 年至今，R 公司与 H 银行经历了初步合作期、业务拓展期、业务回调期。R 公司根据 H 银行在不同阶段的业务调整，从专业招聘、人才外包、业务外包、培训等几个维度为客户提供全方位、一体化的灵活用工服务。

（一）初步合作期（2014年）

2014 年，H 银行的信用卡业务发展速度快，希望有供应商可以为其提供稳定的人力资源，因此，R 公司根据 H 银行的诉求，主动寻求合作机会，双方从 2014 年起开始正式合作。最初主要合作模式为招聘外包，主要覆盖区域为广州市，涉及的岗位主要为发卡营销类岗位，也包含少量的保险类岗位、客户维护岗位以及增值类岗位。

在初步合作期，R 公司能够快速批量地满足 H 银行的用人需求，实现 100% 满足交付的目标。与此同时，R 公司以客户为中心，在外包服务端配备优秀团队、进行日常的人才储备，为后续客户人才外包的合作奠定了良好的基础。

（二）业务拓展期（2015 ~ 2018年）

随着 H 银行信用卡业务的升级，R 公司与 H 银行的合作不断加深，从 2015 年起，合作规模持续扩大。

2015 年，双方的合作模式扩展为招聘外包、岗位外包以及培训三个模块，主要覆盖区域在之前的基础上新增了佛山和沈阳，涉及的岗位在之前的基础上新增了客户经理（客服类）、直营销售类岗位；2016 年，双方的合作模式保持不变，主要覆盖区域在之前的基础上新增了上海、武汉和北京，涉及的岗位则新增了理财专员与信贷专员；2017 年，双方的合作模式依旧保持不变，主要覆盖区域在之前的基础上新增了成都和苏州，涉及的岗位新增了账务管理（催收）类岗位；2018 年，双方的合作模式新增了业务外包，覆盖区域大幅度扩张，在全国范围内，新增城市数量达到 32 个，涉及的岗位则新增了客服主管、行销组长和行销经理。

综合来说，2015 ~ 2017 年，R 公司与 H 银行的合作模式主要是从招聘外包扩展到岗位外包，与此同时，合作所覆盖的区域在不断扩张，服务岗位也在不断增加。从 2018 年起，双方合作进一步加深，H 银行在扩展新中心的时候，会提前与 R 公司沟通，根据 R 公司提出的建议进行选址，以便于之后 R 公司输送的人才能够及时到位。

在业务拓展期，R 公司配合 H 银行逐步在各大城市设立新中心及增加编制，并为 H 银行提供及时、快速的全国范围内的招聘服务，尤其是周边城市的人才引流服务，这一阶段的主要服务策略为开拓新区域与快速增加外包存量。此外，R 公司会优化招聘流程、面试标准，提出专业的、合理的薪资调整建议，也会进行营销技能、管理者激励等课程的培训，协助 H 银行有效管控流失，使得 H 银行年复合流失率逐年下降，外包人员存量最高达到 800 人，占 H 银行外包人员总量的 60% 以上。

（三）业务回调期（2019年至今）

随着 H 银行预算受控、需求减少，R 公司在该时期已做好外包服务及流失管控，保证外包在岗人数，积极提升在岗人员能力素质，并跟随 H 银行的战略转移，灵活调整用工人员和岗位匹配，使其最大限度地节约了用工成本、降低了风险。

三 灵活用工的经验

（一）多样化用工

在灵活用工模式下，R 公司可以为 H 银行的不同业务提供员工支持。在2018年以前，H银行的信用卡中心同时采用招聘外包与岗位外包，在营销类（发卡销售）岗位实行招聘外包，在客服、催收类岗位实行岗位外包。采取双线并行的主要原因是，营销类岗位涉及银行的核心业务和商业机密，客服、催收类岗位则不涉及相关问题。因此，H银行基于不同业务的特点，选择合适的用工模式。

（二）系统化管理

R公司在与H银行合作的过程中，采用了系统化的管理模式，以全流程、团队化、数字化为着力点，稳定员工，降低流失率，促进机构高效运转。具体来说，全流程就是指在灵活用工的过程中，提供包括快速批量招聘、基础人事管理、员工关系管理、职业意识与技能培训、绩效与薪酬管理、用工风险管理等在内的一整套流程的服务。比如，R公司会选派经验丰富的驻巡场HR，为外包员工举办一系列的关怀活动，围绕心理建设、销售技巧等提供培训服务，收集并向用工企业反馈外包员工就职位职级、薪酬福利、绩效考评、劳动权益等方面问题的申诉，让员工感受到支持，进而降低流失率。又如，R公司会做市场待遇方面的调研，将数据结果提供给H银行，推动H银行的薪资向市场平均水平或者中高水平靠拢，这样既可以提高H银行的市场竞争力，又可以为员工谋取福利，提高员工的稳定性。团队化就是指在员工关系管理、项目管理、薪酬管理、社保管理以及法务等不同的工作内容都有对应的人员或部门，背后强大的团队支持为直接对接客户的前台员工提供有力支撑。数字化就是指在招聘、人岗匹配以及基础人事管理等各个环节都有数字化平台发挥作用。

（三）有机协作、分工明确

R公司在与H银行合作中采用业务管理与人员管理分离的模式，既注重规范管理，又不能影响银行的信息保密。具体来说，H银行完全主导其业务管理部分，供应商则主要负责日常的人事管理。

在这种分工明确的管理模式下，一方管业务，另一方管人事，在涉及员工异动的情况时，人力资源供应商会与H银行沟通，并挽留员工；在涉及一些荣誉的情况时，则由人力资源供应商进行公布，H银行的业务部门进行颁奖。

（四）充分借助供应商资源

H银行在拓展业务的时候，会与提供人力资源服务的主要供应商R公司进行沟通，尽可能在R公司已有业务布局的城市设立新的中心。这样，H银行就可以有效借助R公司的招聘、管理能力和其他资源，快速推动新业务的落地。

四 灵活用工的价值

（一）快速实现人员满编

H银行在发展的过程中，由于业务种类多、涉及地域广，尤其在面临新业务、拓展新城市的时候，工作岗位往往不能迅速满编，加之涉及的工作岗位具有较大的灵活性，流动性较强，因此，存在一定的人力资源短缺的情况。在灵活用工的模式下，H 银行与 R 公司的合作，能够迅速实现人员满编的目标，进而有利于企业迅速拓展业务。

（二）增效益、降成本

在新时代的灵活用工模式下，R 公司的科学化、专业化、系统化的管理模式，一方面优化了招聘流程、缩短了招聘周期，减少了繁杂的流程，提高了整体运营效率；另一方面结合业务特点，波峰、波谷时期采用灵活用工模式，以最经济的方式进行人员配置，降低综合用工成本约 17%，增效益、降成本成效显著。

（三）控流失

在 R 公司参与员工管理期间，H 银行人员月均流失率从 9.0% 降至 4.7%，外包人员月均流失率控制在 5% 以下，人员队伍的稳定为业务的高效运营提供了有力保障。

（四）管控风险

R 公司注重用工合规性管理，做好预案和前期沟通。当 H 银行发生劳动纠纷时，R 公司专职法律顾问团队提供专业支持，服务期间 H 银行无负面事件发生，维护了 H 银行良好的公众品牌，降低了企业的损失。

（五）树标杆、提水平

R 公司在与 H 银行合作时，也在输出专业的灵活用工管理经验，H 银行会要求其他人力资源服务供应商以此为标杆改善管理。可以说，R 公司专业人力资源服务和管理经验的输出，也在逐步带动其他供应商和用工企业的相关业务水平。

案例 3　某文旅集团灵活用工案例

一　企业基本情况

T 集团于 2011 年成立，成立时间不足 10 年，但发展比较迅速。主要的业务板块包括文旅板块、医疗板块、零售板块等，是新经济业务。其中，文旅板块主要围绕各类特色小镇展开，目前已经有数个文旅类项目，包括康养小镇、南京田园综合体以及陕西秦岭山下的一个康养项目，2020 年还将在湖北新开一个跟道教相关的文旅项目；医疗板块主要围绕医院展开，目前旗下有六家医院；零售板块主要是线下零售，包括一些咖啡吧、书吧、化妆台吧、零食区以及居家区等。T 集团 2019 年的营收约为 100 亿元。从 T 集团所有职工来看，企业自有员工为 4000 余人，灵活用工人员为 3000 余人。

二　企业用工方式

（一）文旅板块

T 集团旗下的特色小镇采用的用工模式主要由两部分构成：一

部分是企业自有的管理及运营人员，从事特色小镇的规划与发展等偏管理层的工作；另一部分则采用灵活用工方式，包括岗位外包、实习、众包等方式，主要涉及设计、客服、基建、养护、送餐等方面的业务。在灵活用工的方式中，值得关注的是设计业务的众包：T 集团原本有 10 个设计师，现只留下 4 个设计师负责管理、质检、设计等方面的工作，大部分设计工作以项目的形式发布到国内某专门的设计平台上。T 集团借助众包，可以从全国成千上万的设计师作品中选择创意文案，且响应速度更快、成本更低。比如，一个园林项目发出去，设计师可能当天就交稿了，然后 T 集团提出修改意见，设计师马上就修正了。相比之下，过去自己公司有 10 个设计师，可能一个月都无法完成同等的任务，公司还要负担包括薪资、社保、福利、管理费用在内的各种成本。

采用以上用工模式的主要考量有以下几点。首先，这类工作的季节性较为明显，采用灵活用工的方式既可以在业务繁忙的时间段得到充足的人力资源，又不会出现业务空闲期人力资源的浪费。其次，采用灵活用工的方式会提升响应速度、降低成本。此外，新冠肺炎疫情进一步推动了相关业务领域灵活用工模式的大规模使用。比如，在新冠肺炎疫情发生之前，T 集团曾考虑成立一支自有的送餐队伍，而在新冠肺炎疫情发生后，经营业务的大幅度变动使 T 集团不再考虑这一用工方案。

（二）医疗板块

T 集团旗下的医院采用的用工模式主要由两部分构成：一部分是签署劳动合同的专职的医师及全职的医务人员；另一部分是岗位

外包人员，主要从事后勤工作，如推车、推床、收医疗垃圾、食堂工作、车位管理、绿化等。

不同用工方式的选择主要与工作的专业性相关。医师之类的专业性强、技能要求高、责任重，需要专职人员负责；而后勤工作协作性较弱、技能要求低、任务简单，更有条件采取灵活用工的方式。

（三）零售板块

T集团旗下的零售业务门店采用的用工模式主要有三种：第一种是全职员工，这类员工占极少数，主要是公司的核心运营和店长以及业态负责人等；第二种是劳务派遣员工，这类员工主要是咖啡吧、书吧、化妆台吧以及零食区等的现场工作人员，他们的主要工作地点是重庆、西安、咸阳等具有明显“不夜城”特征的城市，这些店员一般都是“三班倒”，轮流上岗；第三种是实习工，这类员工一般从事各类吧中的零售工作及外送工作，工作任务简单。

零售板块主要采取劳务派遣、实习等灵活用工方式，同样与其岗位大多技能要求低、协作性弱、工作任务简单有关。

三　灵活用工的经验

（一）实施扁平化的管理模式

T集团过去的组织层级太多，总部从董事长到前台有十余级，导致官僚主义严重，遇到紧急事务反应速度慢的问题。加之外部环境的快速变化、产品的不断升级、来自竞争对手的压力等，倒逼T集团打造敏捷的组织形式，HR以更敏捷的方式运作。因此，为了提高企业内部的反应速度，从董事长开始自上而下，强调营造敏捷响应的氛围，向解放军、“海豹突击队”学习，强调小规模作战的灵活性。

从2017年起，T集团开始实施组织层级变革，也就是对外常说的打造“敏捷性组织”。具体来说，T集团进行了一系列调整：①推动组织的变革，在集团层面推行合伙人制，改变用工形态；②减少层级，组织扁平化；③在激励机制设计上，推行员工持股计划、项目跟投与分红制相结合的方式。在进行了组织层级变革之后，层级大规模缩减，加之对集体内部数字化系统（EPR、MIS、钉钉、呼叫系统等）进行整合，企业运营效率得到明显提升。

（二）减员增效

在疫情暴发之后，由于资金困难，T集团开始实施“精简人员”的策略。受到互联网思维的影响，企业将过去的机构改为不同的“中心”，通过机构的重组来轻化组织，通过岗位外包、劳务派遣及众包等形式实现对市场劳动力资源的灵活调配，最终实现节约成本、提高效率的目标。

（三）广纳天下英才

T集团通过灵活用工的模式，实现了扩大人才输入的目标。在传统的内部雇佣模式下，企业在面对一项工作任务时，受限于自有员工队伍的能力和结构，可能无法高效率、高质量完成任务。在采用平台众包模式后，企业针对不同任务发放需求，往往能迅速获得大量的劳动供给，企业可以从中择优雇用。

案例4 某物流公司灵活用工案例

一 企业基本情况

2007 年，某物流和供应链服务公司（以下简称“B 公司”）在浙江杭州创立总部，以货运业务起家。2017 年，B 公司在美国纽约证券交易所挂牌上市。凭借强大的技术平台和广阔的物流服务网络，B 公司每年保持高速发展，规模迅速扩大。截至 2019 年底，B 公司已经在中国、美国、德国、泰国、日本、英国、法国等 20 多个国家和地区开展业务。

供应链板块是 B 公司最重要的事业部之一，目前在全国拥有 186 个运作中心，上万家加盟商及合作伙伴，约 200 万平方米自有库房，日均订单 200 万 ~300 万单。其中，N 市分公司仓储 2 万 ~3 万件货物，货值 2 亿多元。销量领先的产品主要为以下几类：第一类为洗护类，第二类为保健品，第三类为奶粉，第四类为彩妆和美妆类。近年增量较多的还包括薯片、燕麦片、润喉糖等即食食品。

二 企业用工方式

物流行业的业务量与电商节日紧密相关。每年情人节、2 月开学季、“5・20”、“红6月”、“6・18”、旅游季、9月开学季、中秋节、“双十一”及“双十二”等电商旺季或节日，都会给B公司带来巨大的业务量波动。不仅如此，近年来消费者对于“当日达”和“隔日达”日渐上涨的服务需求，也造成了物流行业季节性用工需求的显著增加，给物流行业劳动力配置带来了较大挑战。在每年最重要的电商节日“双十一”期间，临时工价格往往上涨10余倍，电脑、手持终端、叉车和托盘等的租赁需求量也瞬间上升数倍，B公司与其人力资源服务供应商都会因此亏损。

因此，自成立之初，B公司一直采取灵活用工模式。目前N市分公司有员工300余人，而自有员工只有不足40人，以管理人员和特殊危险工种人员为主。其余260多人从事灵活用工岗位，来自三家不同的人力资源服务供应商。这部分人员岗位较为固定，需要穿着公司工服。具体而言，B公司主要采取以下三种形式的灵活用工方式。

（一）岗位外包

岗位外包即企业将某些岗位的人力资源工作完全外包给第三方人力资源服务公司的用工方式，招聘、培训、在职管理、离职管理、绩效考核等人力资源工作都由外包公司提供。B公司使用岗位外包的主要是搬运、分拣、扫描、贴标、打单和客服等岗位，这部分人员与人力资源服务供应商建立劳动关系，B公司负责日常工作管理。

（二）业务外包

业务外包即企业将内部业务的一部分承包给外部专门的服务机

构。这类岗位往往是作业单一，技术简单，由人力资源服务商负责现场用工管理的岗位。例如，B 公司中给保税仓跨境电商货物开包粘贴海关码的岗位，环节简单但非常重要。如果发生员工粘贴海关码失误的情况，客户拒收货物后，货物将直接由海关销毁，将造成大额的实际损失。B 公司将这一环节外包给人力资源供应商承担，供应商能够对此项业务进行专业化的精细管理，从而在极大程度上转移 B 公司的成本风险。

（三）临时工

在“双十一”等电商业务旺季，如果 260 余名外包人员仍然无法满足突然增长的短期用工需求，B 公司还将招募工作 1～2 天的“临时工”。这部分人员主要与 B 公司建立劳务关系，由人力资源服务公司从其他项目或自有的人才池中灵活调配。

物流行业具备灵活用工产生和发展的独特的环境与土壤，主要体现在以下两个方面：第一，由于各种传统节庆和电商节日，物流业务季节性用工特征比较明显；第二，由于物流行业的技术特性，其有大量技能简单、协作性较弱的工种，比较易于使用灵活用工。

三 灵活用工管理经验

（一）消除二元身份隔阂

B 公司在消除外包人员和自有员工的身份隔阂，促进企业文化和谐统一的问题上做了许多努力。例如，B 公司不允许在工作场所称呼外来员工为“外包人员”，向员工承诺身着工服一定是“我们的员工”，强调只是工资发放等人事管理环节由供应商提供服务。为保证所有员工都能按时收到月薪，在 B 公司由于账单审核等问题而无法按时发放薪资时，其人力资源服务商会先行垫付。

（二）事先约定待遇齐平

B 公司事先约定所有来自不同供应商的员工的工资待遇必须齐平，避免产生工作场所的纠纷。在员工入职前，必须明确其外包用工性质和福利待遇。当其中某个供应商对员工进行奖励评优时，B 公司也会组织其他供应商员工进行评奖评优，保证所有员工的奖惩情况基本相同。涉及员工离职，由 B 公司与其人力资源供应商协商确定，三方之间的争议解决流程已基本实现标准化。

（三）通过多样化招聘渠道解决波峰期用工问题

B 公司的人力资源供应商在业务波峰期开辟了多样化的招聘渠道，例如网络招聘、社群招聘、校企合作、广告招聘、人才市场和门店招聘等。如果业务波峰期不能及时提供人力资源服务，供应商还将采取分包模式，与当地其他服务公司合作招聘。

四　项目基本情况

十余年来，B 公司逐步发展壮大，成为行业领先的龙头企业，与使用灵活用工模式是分不开的。B公司的灵活用工模式，体现了人才从“为我所有”转变为“为我所用”的社会化雇佣方式。社会化雇佣方式能够整合社会上各类潜在的劳动力资源，有助于企业适应市场、提高效率和最大化使用劳动力。

（一）使用灵活用工降低了用工成本

使用灵活用工总体上提高了企业人效，降低了用工成本，增强了其综合竞争力。首先，物流行业企业使用人力资源服务公司的灵活用工服务，降低了其对于季节性人才的获取和管理成本。其次，企业只保留一部分待遇优厚的核心岗位，通过人力资源服务公司招聘其他岗位员工，能够降低其薪酬福利成本。最后，人力资源服务公司协助处理退工、工伤和劳动争议等问题，也降低了企业用工风险和由此产生的成本。

（二）使用灵活用工适应了业务的季节性波动

节庆与非节庆、淡旺季业务的变化，使物流行业季节性用工特征非常明显。在业务快速增长或回落时期，企业自身难以实现快速大批量招聘或辞退，也难以实现对季节性用工人员的标准化人事管理。采用灵活用工模式，是物流行业企业积极适应市场的表现。

（三）使用灵活用工实现了市场要素的灵活组合

灵活用工模式使物流行业企业能够对劳动力、专业人力资源管理等市场要素进行组合、拆解与转化，有利于对社会资源的最大化利用。灵活用工不仅为闲散劳动者和非全日制劳动者提供了季节性短期工作，而且为部分物流专业高校学生提供了实习平台。企业还会将表现优异的外包员工转为自有员工，实现人才培养渠道通畅，保证企业的未来人才储备。

参考文献

董保华，2008，《论非标准化劳动关系》，《学术研究》第7期。

董保华，2011，《“隐蔽雇佣关系”研究》，《法商研究》第5期。

冯喜良、张建国、詹婧、谢丽霞，2018，《灵活用工——人才为我所有到为我所用》，中国人民大学出版社。

付伟，2018，《城乡融合发展进程中的乡村产业及其社会基础——以浙江省L市偏远乡村来料加工为例》，《中国社会科学》第6期。

国际劳工组织，2003，《关于非正规部门就业统计定义的指导方针》（中文版）（2003年1月第17届国际劳工统计大会通过），日内瓦。

国际劳工组织，2006，《关于雇佣关系的建议书》，日内瓦。

国际劳工组织，2016，《世界非标准就业：理解挑战、塑造未来》，日内瓦。

国家人力资源和社会保障部：《中华人民共和国社会保险法释义（十）》，http://www.mohrss.gov.en/fgs/syshehuibaoxianfa/201208/t20120806_2857.html。

国家统计局：《2019年我国“三新”经济增加值相当于国内生产总值的比重为16.3%》，http://www.stats.gov.cn/tjsj/zxfb/202007/

t20200707_1772615. html，最后访问日期：2020 年 12 月4 日。

金柚网研究院：《中国人力资源服务业未来趋势推演——基于因果模型的宏观行业溯源分析》，https：//www. sohu. com/a/402342858_176904，2020。

李培林、张翼，2003，《走出生活逆境的阴影——失业下岗职工再就业中的“人力资本失灵”研究》，《中国社会科学》第 5 期。

李新建，2004，《人力资源管理职能外包及其战略特征探析》，《科学管理研究》第 2 期。

梁萌，2017，《强控制与弱契约：互联网技术影响下的家政业用工模式研究》，《妇女研究论丛》第 5 期。

刘东旭，2016，《流动社会的秩序：珠三角彝人的组织与群体行为研究》，中央民族大学出版社。

刘子曦、朱江华峰，2019，《经营“灵活性”：制造业劳动力市场的组织生态与制度环境——基于 W 市劳动力招聘的调查》，《社会学研究》第4 期。

钱叶芳，2011，《非标准就业的经济分析与法律调整》，《法学》第3 期。

钱叶芳，2018，《非标准雇佣与非正规就业：区分、交集与调整》，《中国劳动》第 4 期。

任焰、胡慧，2019，《从小商品生产到家庭代工：农村家户劳动变迁与家庭再生产》，《东南学术》第 6 期。

人瑞集团、中外管理，2019，《2019 年中国灵活用工发展白皮书》，非正式出版物。

夏人青、罗志敏、严军，2012，《中国大学生创业政策的回顾与展望（1999～2011年）》，《高教探索》第1期。

王克良（主编），2014，《中国人力资源服务业发展报告（2014）》，中国人事出版社。

王琦、吴清军、杨伟国，2018，《平台型企业劳动用工性质研究：基于P网约车平台的案例》，《中国人力资源开发》第8期。

王全兴、刘琦，2019，《我国新经济下灵活用工的特点、挑战和法律规制》，《法学评论》第4期。

吴清军、李贞，2018，《分享经济下的劳动控制与工作自主性——关于网约车司机工作的混合研究》，《社会学研究》第4期。

张丽宾，2004，《“非正规就业”概念辨析与政策探讨》，《经济研究参考》第81期。

中国劳动和社会保障部劳动科学研究所课题组，2005，《中国灵活就业基本问题研究》，《经济研究参考》第45期。

赵瑞美、李新建，2008，《人力资源管理柔性研究的主流观点及实践意义》，《科技管理研究》第12期。

中国劳动和社会保障部劳动科学研究所，2001，《灵活多样就业形式问题研究报告》，2001年7月（内部资料）。

Bharadwaj, A., E. Sawy, O. A., Pavlou, P. A. & Venkatraman, N. 2013. “Digital Business Strategy: Toward a Next Generation of Insights.” *MIS quarterly* 37 (2).

Cennamo, C. 2019. “Competing in Digital Markets: A Platform-Based Perspective.” *Academy of Management Perspectives* (in press).

Drnevich, P.L.& Croson,D.C.2013. “Information Technology and Business-Level Strategy: Toward an Integrated Theoretical Perspective.”

MIS Quarterly 37 （2）.

Gagné, M., & Deci, E. L. 2005. “Self-Determination Theory and Work Motivation.” *Journal of Organizational Behavior* 26 （4）.

Grant, R. M. 1996. “Toward a Knowledge-Based Theory of the Firm.” *Strategic Management Journal* 17 （S2）.

Hambrick, D. C., & Mason, P. A. 1984. “Upper Echelons: The Organization as a Reflection of its Top Managers.” *Academy of Management Review* 9 （2）.

Hobday, M. 2000. “The Project-Based Organisation: an Ideal form for Managing Complex Products and Systems?” *Research Policy* 29 (7–8).

ILO. 1972. “*Employment, Income and Equity: A Strategy for Increasing Productive Employment in Kenya.*” Geneva.

Mazzei, M. J., & Noble, D. 2017. “Big Data Dreams: A Framework for Corporate Strategy.” *Business Horizons* 60 （3）.

McColl-Kennedy, J. R., & Anderson, R. D. 2002. “Impact of Leadership Style and Emotions on Subordinate Performance.” *The Leadership Quarterly* 13 (5).

Nambisan, S., Lyytinen, K., Majchrzak, A., Song, M. 2017. “Digital Innovation Management: Reinventing Innovation Management Research in a Digital World.” *MIS Quarterly* 41 （1）.

OECD, 1993. *Employment Outlook 1993*. http://www.oecd.org/dataoecd/59/24/2485409.pdf.

OECD, 2002. *Employment Outlook 2002*. http://www.oecd.

org/dataoecd/36/8/17652675. pdf, P160.

Belous, Richard, 1989. *The Contingent Economy: The Growth of the Temporary, Part-time and Subcontracted Workforce.* National Planning Association, Washington D. C.

Yoo, Y., Henfridsson, O., Lyytinen, K. 2010. "Research Commentary—the New Organizing Logic of Digital Innovation: an Agenda for Information Systems Research." *MIS Quarterly* 41 (1).

Oh, W., & Pinsonneault, A. 2007. "On the Assessment of the Strategic Value of Information Technologies: Conceptual and Analytical Approaches." *MIS Quarterly* 31 (2).

Thompson, J. D. 1967. *Organizations in Action.* New York: McGraw-Hill.

Van de Ven, A. H. 1976. "On the Nature, Formation, and Maintenance of Relations Among Organizations." *Academy of Management review* 1 (4).

图书在版编目（CIP）数据

中国灵活用工发展报告．2021：组织变革与用工模式创新／杨伟国等著．--北京：社会科学文献出版社，2020.12
（新经济·新业态·新工作）
ISBN 978-7-5201-6100-8

Ⅰ．①中…　Ⅱ．①杨…　Ⅲ．①用工制度-研究报告-中国-2021　Ⅳ．①F241.32

中国版本图书馆CIP数据核字（2020）第241844号

新经济·新业态·新工作
中国灵活用工发展报告（2021）
——组织变革与用工模式创新

著　　者／杨伟国　吴清军　张建国 等

出 版 人／王利民
责任编辑／谢蕊芬

出　　版／社会科学文献出版社·群学出版分社（010）59366453
　　　　　地址：北京市北三环中路甲29号院华龙大厦　邮编：100029
　　　　　网址：www.ssap.com.cn
发　　行／市场营销中心（010）59367081　59367083
印　　装／三河市龙林印务有限公司

规　　格／开 本：787mm×1092mm　1/16
　　　　　印 张：13.25　字 数：154千字
版　　次／2020年12月第1版　2020年12月第1次印刷
书　　号／ISBN 978-7-5201-6100-8
定　　价／69.00元